DES

BREVETS D'IMPRIMEUR

ET DES

CERTIFICATS DE CAPACITÉ.

A PARIS,

CHEZ P. DUFART, LIBRAIRE,

RUE DES SAINTS-PÈRES, N° 1.

DES
BREVETS D'IMPRIMEUR,

DES

CERTIFICATS DE CAPACITÉ,

ET

DE LA NÉCESSITÉ ACTUELLE

DE DONNER A L'IMPRIMERIE

LES RÈGLEMENS PROMIS PAR LES LOIS;

SUIVI

DU TABLEAU GÉNÉRAL DES IMPRIMERIES

DE TOUTE LA FRANCE,

EN 1704, 1739, 1810, 1830 ET 1840.

A PARIS,

ÉCRIT ET IMPRIMÉ PAR G.-A. CRAPELET,

RUE DE VAUGIRARD, N° 9.

DÉCEMBRE M. DCCC. XL.

DES
BREVETS D'IMPRIMEUR

ET DES

CERTIFICATS DE CAPACITÉ.

SOMMAIRE.

titre d'imprimeur. — Des examens et des réceptions. — La question de l'abolition des brevets débattue à la Chambre des Députés en 1830. — Ce qui arriveroit dans le cas de leur suppression. — Fixation du nombre des imprimeurs de Paris à trente-six, par édit de 1686. — Longues et vives réclamations des libraires sur cette fixation. — Mémoire des libraires et imprimeurs de Paris contre l'édit de 1686. — Extrait du procès-verbal de l'assemblée générale de la Communauté, concernant la levée de la fixation du nombre des imprimeurs, en 1721. — Opinion de Jean-Baptiste Coignard et autres à ce sujet. — Extrait de la réponse des imprimeurs au Mémoire des libraires. — Mémoire servant de réplique à la réponse des imprimeurs. — Liste des imprimeurs de Paris en 1811, en 1820, en 1830 et en 1840. — Tableau du nombre des imprimeries en France dans les années 1704, 1739, 1810, 1830 et 1840. — Observations sur la situation critique des imprimeries de toute la France. — Conclusion.

Depuis la loi du 17 mars 1791, qui avoit aboli une législation de plus de trois siècles, il y a eu deux lois de réorganisation de l'imprimerie, et une multitude de lois d'oppression ou de répression de la presse. Celle-ci a su se délivrer de l'oppression de la censure, et les lois de répression ne la gênent guère. La presse est aujourd'hui plus audacieuse et plus florissante que jamais, tandis que l'imprimerie n'a pas même trouvé la protection de ses intérêts dans les lois qui lui ont assigné sa position. En effet, cette position lui a été faite par le décret impérial du 5 février 1810, et elle a été maintenue et confirmée par la loi du 21 octobre 1814. J'extrairai de ces deux actes de l'autorité impériale et royale ce qui a rapport aux Brevets, afin d'en établir le titre légal et administratif, ainsi que la valeur que les possesseurs actuels peuvent être fondés à leur attribuer.

EXTRAIT *du Décret impérial du 5 février* 1810.

« ART. 3. A dater du 1er janvier 1811, le nombre des « imprimeurs dans chaque département sera fixé, et celui « des imprimeurs à Paris sera réduit à soixante.

[Ce nombre a été porté à quatre-vingts par un autre décret du 11 février 1811.]

« ART. 4. La réduction dans le nombre des imprimeurs « ne pourra être effectuée sans qu'on ait préalablement « pourvu à ce que les imprimeurs actuels, qui sont sup- « primés, reçoivent une indemnité de ceux qui seront « conservés.

« ART. 5. Les imprimeurs seront brevetés et asser- « mentés.

« ART. 6. Ils seront tenus d'avoir à Paris quatre presses, « et dans les départemens, deux.

« ART. 7. Lorsqu'il viendra à vaquer des places d'im- « primeurs, soit par décès, soit autrement, ceux qui leur « succéderont ne pourront recevoir leurs brevets et être « admis au serment qu'après avoir justifié de leur capacité, « de leurs bonnes vie et mœurs, et de leur attachement à « la patrie et au Souverain.

« Art. 8. On aura, lors des remplacemens, des égards
« particuliers pour les familles des imprimeurs décédés.

« Art. 9. Le brevet d'imprimeur sera délivré par notre
« directeur-général de l'imprimerie, et soumis à l'appro-
« bation de notre ministre de l'intérieur ; il sera enregistré
« au tribunal civil du lieu de la résidence de l'impétrant,
« qui y prêtera serment de ne rien imprimer de con-
« traire aux devoirs envers le Souverain et à l'intérêt de
« l'État.

« Art. 10. Il est défendu de rien imprimer ou faire im-
« primer qui puisse porter atteinte aux devoirs des sujets
« envers le Souverain et à l'intérêt de l'État. Les contre-
« venans seront traduits devant nos tribunaux, et punis
« conformément au Code pénal, sans préjudice du droit
« qu'aura notre ministre de l'intérieur, sur le rapport du
« directeur-général, de retirer le brevet à tout imprimeur
« qui aura été pris en contravention.

« Art. 49. *Il sera statué par des* Règlemens particu-
« liers *sur ce qui concerne :*

« 1° Les imprimeurs et libraires, leur réception et leur
« police ;

« 2° Les libraires étaleurs, lesquels ne sont pas compris
« dans les dispositions ci-dessus ;

« 3° Les fondeurs de caractères ;

« 4° Les graveurs ;

« 5° Les relieurs, et ceux qui travaillent dans toutes les
« autres parties de l'art ou du commerce de l'imprimerie
« et librairie.

« ART. 5o. *Ces Règlemens seront proposés et arrêtés en*
« *conseil d'État,* sur la proposition du directeur-général
« de la librairie, et le rapport de notre ministre de l'inté-
« rieur. »

Deux décrets du 2 février 1811 ont réglé la délivrance, la forme et le coût du brevet, et ont fixé le
montant des indemnités à donner aux imprimeurs
supprimés à Paris. Dans les départemens, les suppressions ont été faites à mesure des décès.

EXTRAIT *du Décret impérial du 2 février 1811 , concernant*
l'indemnité due aux imprimeurs supprimés.

« NAPOLÉON , Empereur des Français , etc.

« Il nous a été représenté que la réduction du nombre
« des imprimeurs de notre bonne ville de Paris ne pourroit ,
« aux termes de l'art. 4 de notre décret du 5 février 1810,
« être effectuée sans qu'au préalable l'indemnité due aux
« imprimeurs qui sont supprimés par ceux qui ont été con-
« servés, ait été assurée.

« A quoi voulant pourvoir, sur le rapport de notre mi-
« nistre de l'intérieur, notre conseil d'État entendu , nous
« avons décrété et décrétons ce qui suit :

« ART. 1er. Les imprimeurs conservés dans notre bonne
« ville de Paris sont tenus d'acheter les presses des im-
« primeurs supprimés ; ils les paieront au prix de l'estima-
« tion qui en sera faite, en un an et en quatre termes.

« Art. 2. Chacun des imprimeurs conservés paiera un
« soixantième (devenu un quatre-vingtième) du prix total
« de cette acquisition.

« Art. 3. Les imprimeurs conservés s'entendront entre
« eux pour se partager les presses ainsi acquises.

« Art. 4. Immédiatement après la publication du pré-
« sent décret, les scellés seront apposés sur les caractères
« appartenant aux imprimeurs supprimés. Ils pourront les
« vendre à leur gré, pourvu que cette vente ne soit faite
« qu'à des imprimeurs et fondeurs brevetés.

« Art. 5. Il sera payé par les imprimeurs conservés aux
« imprimeurs supprimés une indemnité.

« Art. 6. Cette indemnité est fixée sur le pied de quatre
« mille francs par imprimeur supprimé.

« Art. 7. Il en sera fait une somme totale, qui sera ré-
« partie entre les imprimeurs supprimés, proportionnelle-
« ment à l'importance et à l'activité de leur établissement
« dûment constatées.

« Art. 8. A cet effet les imprimeurs supprimés seront
« divisés en plusieurs classes. On placera dans la première
« ceux dont l'établissement sera reconnu avoir le plus d'im-
« portance; et dans la dernière, ceux qui seront trouvés
« avoir l'établissement le moins considérable en valeur mo-
« bilière et en occupations.

« Art. 9. Cette division en classes sera faite, et l'indem-
« nité sera fixée par une commission.

« Art. 10. Chacun des soixante (quatre-vingts) impri-
« meurs conservés paiera un soixantième (un quatre-ving-

« tième) de la somme totale fixée pour l'indemnité due
« aux imprimeurs supprimés.

« ART. 11. Les sommes payées par les imprimeurs con-
« servés, tant pour l'achat des presses que pour l'indemnité
« des presses supprimées, seront versées à la caisse d'amor-
« tissement, savoir : le premier quart comptant et en
« espèces, les trois autres quarts en effets payables à quatre,
« huit et douze mois : les valeurs n'en seront tirées pour
« être réparties aux imprimeurs supprimés, que sur les
« mandats du président de la commission, visés par le
« directeur-général de la librairie.

« ART. 12. Tout créancier des imprimeurs supprimés
« pourra faire opposition à la caisse d'amortissement pour la
« conservation de ses droits. »

Un second décret impérial, en date du même jour
2 février 1811, avoit réglé la forme, la délivrance et les
frais d'expédition des brevets, fixés à cinquante francs
pour Paris, et à vingt-cinq francs pour les autres villes ;
mais ces droits, d'après les formules qui se trouvent
à la fin des budgets, ne peuvent plus être exigés, et
ont cessé d'exister.

EXTRAIT *de la Loi du 21 octobre* 1814.

« ART. 11. Nul ne sera imprimeur ni libraire, s'il n'est
« breveté par le Roi et assermenté. »

Extrait de l'Ordonnance du 24 octobre 1814.

« ART. 1ᵉʳ. Les brevets d'imprimeur et de libraire déli-
« vrés jusqu'à ce jour sont confirmés : *les conditions aux-*
« *quelles il en sera délivré à l'avenir seront déterminées par*
« UN NOUVEAU RÈGLEMENT. »

Telles sont les seules dispositions légales qui régissent
aujourd'hui l'exercice de l'imprimerie en France. Il a
suffi de quelques articles pour remplacer cet ancien
Code de la Librairie et de l'Imprimerie, si longuement
élaboré par une succession de ministres et de magistrats
les plus sages et les plus habiles dont s'honore la
France, si complet dans ses plus minutieuses applica-
tions, et dans lequel les intérêts de l'État, de l'ordre
public et des lettres se trouvoient si sagement conci-
liés avec ceux de la Communauté des imprimeurs et
libraires. Les jurisconsultes, les légistes, tous les
écrivains qui ont expliqué et commenté nos lois mo-
dernes sur la presse, ont mis de côté, comme il con-
venoit à leur plan, l'examen spéculatif de ces lois,
pour ne s'occuper que de la doctrine, et de l'application qui doit en être faite dans les tribunaux [1].

---

[1] On peut consulter avec confiance à cet égard les *Lois de la presse
en 1836, ou Législation actuelle sur l'imprimerie et la librairie.*, par
M. Parant, avocat-général à la Cour de cassation ; in-8°, 1834-1836 ;

En en discutant le texte, je procéderai à l'inverse comme il convient au but de cet écrit, et il ne sera pas difficile de démontrer que l'état de souffrance et le dépérissement continu de l'imprimerie, dus à l'imperfection et à l'insuffisance des lois existantes, sont encore aggravés par l'inexécution de ces lois et l'abus que l'on en fait.

Il semble pourtant que lorsqu'une profession, une industrie est placée sous un régime exceptionnel, en dehors du droit commun, elle doive trouver dans la loi la protection et la garantie de ses intérêts, en compensation des inconvéniens de cette position, de la sujétion [1] et de la responsabilité qu'elle entraîne. A

— le *Traité des Délits et contraventions de la parole, de l'écriture et de la presse*, par M. Chassan, avocat-général près la Cour royale de Colmar; 4 vol. in-8°, 1837; — le *Commentaire sur les lois de la presse et autres moyens de publication*, par Ad. de Grattier, substitut du procureur-général près la cour royale d'Amiens; in-8°, 1839. Ces ouvrages recommandables par les principes libéraux et l'esprit de méthode qui les distinguent sont aujourd'hui les guides les plus sûrs pour les imprimeurs dans le dédale des lois de la presse, et doivent leur tenir lieu du *Code de la Librairie et Imprimerie de* 1744. Ils m'ont fourni la plupart des observations qui expliquent, dans le sens de la loi, tout ce qui peut intéresser les possesseurs de brevets d'imprimeurs.

[1] Ainsi un imprimeur n'est pas libre de restreindre son établisse-

l'époque de la première réduction du nombre des imprimeurs à Paris, opérée par Louis XIV en 1686, cette protection et cette garantie existoient dans les institutions qui régissoient alors l'imprimerie, dans ses moyens d'action et de surveillance pour faire exécuter les règlemens, dans sa dépendance même de l'Université, et surtout dans les conditions d'instruction et de capacité exigées pour être reçu maître imprimeur.

Rien de semblable ne s'est trouvé dans le décret du 5 février 1810, et c'est là la principale cause du désordre et des abus qui se sont introduits depuis dans l'exercice de l'imprimerie, au seul préjudice des imprimeurs brevetés; car depuis trente ans que ce décret est sorti de la main impériale, il a suffi à tous les régimes d'administrations les plus opposées d'intention à l'encontre de l'imprimerie. En effet, ce décret de 1810 ne touchoit pas à une institution préexistante, comme l'édit de 1686 : il avoit pour but apparent de faire cesser l'état d'anarchie et de misère dans lequel l'imprimerie étoit tombée. De toutes les parties de la France, des doléances, des réclamations, des cris de

---

ment à deux ou trois presses; l'art. 6 du décret de 1810 exige qu'il soit composé de quatre presses à Paris, et de deux dans les départemens.

détresse étoient parvenus au chef de l'État sous forme
de Mémoires, de Projets de réorganisation [1] ; les circonstances étoient donc précisément les plus favorables pour faire recevoir des actes de despotisme comme
de signalés bienfaits. Napoléon n'y manqua pas. Il
vouloit d'ailleurs en finir avec la liberté de la presse
et des presses, dont les velléités le gênoient quelque-
fois. « L'imprimerie est un état qui intéresse la politique, disoit Napoléon, dans une séance du conseil
d'État ; dès lors la politique doit en être juge. » Dès ce
moment aussi la question fut résolue. L'établissement
de la censure, et la suppression de la majeure partie
des imprimeurs, furent l'œuvre du seul décret du 5 février 1810. Deux jours après, le 7 février, le duc

---

[1] Dans l'un de ces écrits précurseurs du décret du 5 février 1810,
et intitulé *Observations et Projet de décret sur la librairie et les
arts et professions auxiliaires*, par MM. Bonet de Treiches et Cati-
neau-La-Roche ; Paris, 1808, in-4°, on lit ce passage : « La réduction
« des imprimeurs à un nombre *tel qu'ils puissent vivre de leur art*, et
« que la surveillance à exercer sur eux soit moins difficile, est une
« mesure dont la nécessité est évidente. Les imprimeurs, *aujourd'hui
« trop nombreux, sont presque tous dans l'indigence*. Peu leur im-
« porte que l'ouvrage proposé soit ou non dangereux ; ils ne sont pas
« difficiles dans le choix de la besogne : il faut vivre avant tout. *Les
« anciens règlemens avoient prévu cet état de misère et de dégrada-
« tion*, qui porte sans cesse au délit. »

de Cadore (Nompère de Champagny), ministre des relations extérieures, signoit avec l'ambassadeur d'Autriche l'acte de mariage de Napoléon avec l'archiduchesse d'Autriche Marie-Louise. La censure étoit le présent de noces, et les presses abolies devoient servir aux feux de joie de ce grand événement. Depuis cette époque, l'autorité administrative ne s'est plus occupée des intérêts de l'imprimerie; son sort étoit fixé. Il lui a paru sans doute que des imprimeurs brevetés par la grâce impériale ne devoient plus avoir rien à désirer, eux et leurs successeurs. Il est très vrai que le décret impérial du 5 février étoit une bonne fortune inespérée pour un grand nombre d'imprimeurs, mais ce fut pour les imprimeurs supprimés; car pour les autres il n'est résulté aucun bénéfice de ce décret, resté incomplet dans ses plus importantes dispositions, les *certificats de capacité, et les règlemens* promis *sur les réceptions, et la police de l'imprimerie.*

On eut en effet beaucoup d'égards et de largesses pour les imprimeurs supprimés, sans qu'il en coûtât rien au Trésor [1]; et l'on mit cette habileté dans l'exé-

---

[1] *Voyez* ci-dessus, p. 5, le décret impérial du 2 février 1811, relatif aux indemnités.

cution de la mesure ; qu'aucune plainte n'eût paru plausible de part ou d'autre ; les imprimeurs conservés recevant, en compensation des sommes versées entre les mains de M. Mignotte, caissier-général de la caisse d'amortissement, une feuille de parchemin : insigne privilége, odieux monopole, au dire de bien des gens. Le décret reçut donc son exécution de point en point. On fit la répartition des presses ou plutôt des tronçons de presses abolies, qui furent payées en sus de l'indemnité, à beaux deniers comptants, et presque toutes jetées au feu. Les sommes versées furent aussi réparties ; et tel qui n'auroit pas réalisé cent écus de tout son établissement typographique, tel qui n'avoit pas un sou vaillant, se trouva tout à coup riche de deux, trois ou quatre mille francs, et plusieurs indemnisés de huit et dix mille francs. C'est donc à titre très onéreux que les imprimeurs de 1810 ont possédé des brevets. Cependant, combien n'a-t-on pas déclamé contre ces brevets, non pas tant à l'époque où ils furent imposés, que depuis la révolution de 1830 !

Il est très vrai pourtant qu'ils n'ont aujourd'hui aucune signification ni valeur, parce qu'ils n'ont aucune garantie dans la loi, qui en a laissé la disposition à l'arbitraire de l'administration ; et pour tout dire en un mot, mieux vaudroit qu'ils ne fussent pas que d'être comme ils sont. Dans l'intérêt de l'imprimerie, cela n'est pas douteux; dans l'intérêt de l'ordre et de la sécurité publique c'est tout autre chose, et nous l'examinerons plus loin.

Les brevets seront un non-sens en imprimerie, tant que les conditions auxquelles ils doivent être délivrés ne seront pas déterminées par un nouveau règlement, comme l'article 49 du décret de 1810, et l'article 1ᵉʳ de l'ordonnance du 24 octobre 1814, l'avoient formellement annoncé.

A défaut de ce règlement, l'administration s'appuie, selon les circonstances, selon le vent de la politique, sur l'article 7 de ce même décret, qui impose aux postulans, pour toute garantie, de *justifier de leur capacité* : mais comme cet article n'explique pas en quoi doit consister cette capacité, dans quelle forme elle doit être prouvée, qui doit en être juge, il suffit d'un certificat rédigé dans des termes aussi vagues que ceux de l'article 7, et signé par qui bon semblera à l'autorité, pour obtenir un brevet d'imprimeur. Les remarques que les commentateurs des lois de la presse ont faites sur cette *justification de la capacité*, font assez comprendre que le *certificat* est une pièce justificative et administrative des plus insi-

gnifiantes qui se puisse imaginer. L'un [1] se demande :
« En quoi doit consister la *capacité* requise par le
« décret de 1810? est-elle relative à l'instruction typo-
« graphique, ou concerne-t-elle aussi l'instruction
« littéraire? On a vu qu'autrefois les maîtres imprimeurs
« étoient tenus de rapporter un certificat du recteur
« de l'Université, ce qui indique qu'on exigeoit d'eux
« des preuves de capacité littéraire. Aujourd'hui rien
« de semblable ne paroît être requis. » Il y a mieux
aujourd'hui : c'est que la *capacité* ne concerne pas plus
l'instruction littéraire que l'instruction typographique.
Le certificat est une pure formalité; car si, par impos-
sible, un postulant ne trouvoit pas de signataires parmi
les imprimeurs, le chef du Bureau de la Librairie
pourroit lui délivrer le certificat de capacité dans son
cabinet, et cela suffiroit [2]. Un autre commenta-

---

[1] *Voir* page 427, du tome 1 de l'ouvrage cité de M. Chassan.

[2] Il n'en est pourtant pas de même pour la profession des courtiers
gourmets-piqueurs de vins. Leur nombre est fixé à cinquante. Ils sont
nommés par le Ministre du commerce, mais à la charge de représenter
un *certificat de capacité* des syndics des marchands de vin. — Feu
M. de Bonald a trouvé qu'il y avoit analogie entre les produits
d'un vignoble et ceux de la presse. Par la même analogie, le Ministre de l'intérieur ne devroit-il pas exiger un *certificat de capacité* délivré par la Chambre des imprimeurs, avant d'accorder un
brevet?

teur [1] dit : « La *capacité* dont parle l'art. 7 du décret du « 5 février *paroît* être restreinte à celle qui concerne « l'instruction typographique. » Un troisième [2] fait cette observation, qui n'a pas toute la lucidité qu'on pourroit désirer : « L'administration délivrant les brevets, « elle peut bien y mettre des conditions ; mais là doit se « borner l'exécution toute facultative du présent ar- « ticle 7. » Ce qui paroît signifier « que là doit se borner l'exercice de la faculté qui est attribuée à l'administration dans l'exécution du présent article. » Sans être imprimeur, sans avoir la moindre notion des difficultés inhérentes à la pratique de l'imprimerie, on peut juger combien il doit résulter d'abus, de désordres, de préjudices, de la nullité des certificats de capacité, qui ne donnent aucune espèce de garantie. Que dirions-nous à ce sujet qui n'ait été répété cent fois par des écrivains d'opinions politiques même les plus opposées : — « Que l'art typographique exige que ceux qui le cultivent aient de l'instruction ; — que la considération dont les imprimeurs doivent jouir en dépend essentiellement ; — que les hommes qui ont de l'instruction sont nécessairement plus considérés, et donnent plus de garantie

---

[1] *Voir* page 22 du tome 1 de l'ouvrage cité de M. de Grattier.

[2] *Voir* page 4 de l'ouvrage de M. Parant, ci-dessus cité.

morale au Gouvernement que ceux qui en sont dépourvus. » — Depuis quarante ans il n'y a pas eu un seul projet de réorganisation de l'imprimerie (et ils sont nombreux) où l'instruction littéraire et typographique n'ait été mise en première ligne des conditions proposées pour exercer l'imprimerie, même à l'exclusion des brevets.

Nos lois sur la presse offrent quelque chose de remarquable : c'est que pendant trente ans elles ont subi, selon les fluctuations de la politique, de nombreux changemens, additions, suppressions ou modifications, et que les rigueurs et les pénalités contre les imprimeurs ont été maintenues et augmentées, sans qu'ils aient jamais pu obtenir un seul des règlemens promis par décret et par ordonnance : mais l'état de souffrance et de désordre où le défaut de ces règlemens a fait tomber l'imprimerie finira peut-être par mériter l'attention de l'autorité. Le mal est grand; et il existe partout, dans les départemens comme à Paris. C'est ce que je puis inférer des lettres et des communications que j'ai reçues des divers points de la France, depuis que les imprimeurs de Paris ont formé une association dans le but d'obtenir de l'autorité les règlemens promis. Je citerai entre autres les lettres qui m'ont été adressées à ce sujet par M. Guyot aîné,

2

imprimeur à Orléans, membre de la Société royale des Sciences [1], dont les observations sont pleines de force et de justesse. Il est certain que si l'autorité ne se hâte de remédier au mal, il arrivera infailliblement de grandes perturbations dans l'imprimerie, et peut-être son affranchissement complet, comme on l'a déjà réclamé.

C'est contre les brevets que s'élèveront d'abord de pressantes réclamations; car leur existence est si débile,

---

[1] « Nous voyons chaque jour, écrit M. Guyot, l'autorité accorder « de nouveaux brevets selon son bon plaisir, et le nombre des impri- « meurs s'augmenter partout en disproportion sensible avec le besoin « des localités. Tout le mal qui existe et qui s'accroît de jour en jour « ne vient que de l'absence des réglemens, qui peuvent seuls nous faire « sortir de l'anarchie, de l'isolement et de la déconsidération dont « nous gémissons tous. » (Lettres des 26 juillet 1838 et 28 août 1840.) Déjà un autre imprimeur d'Orléans, M. Danicourt-Huet, a adressé à la Chambre des Députés une pétition pour demander la suppression des brevets. Il propose d'accorder le droit d'ouvrir imprimerie à toute personne qui justifieroit du titre de *bachelier-ès-lettres*, et qui auroit été employée pendant quatre ans comme chef d'atelier ou correcteur dans une imprimerie de chef-lieu. « L'imprimerie, dit ce pétitionnaire breveté, seroit ainsi délivrée de l'arbitraire administratif qui nuit tant à ses progrès; le nombre des imprimeurs seroit mieux réparti, et enfin l'*exercice de la profession d'imprimeur seroit soumis à des garanties de capacité que n'offre pas le régime actuel*, où tout est caprice et faveur. ».

l'administration en fait si bon marché quand ils sont sollicités par des personnages influens, que la restriction apportée par la loi à l'exercice de l'imprimerie n'est plus guère qu'une fiction. Ce qui n'en est pas une, c'est le capital de cinq à six cent mille francs qui a passé des mains des titulaires de 1810 dans celles des imprimeurs réformés par le décret impérial. Cette charge fut si pesante, que plus du tiers des imprimeurs en fut obéré et ne s'en releva pas. Dix ans après la réduction, près de trente imprimeries avoient changé de propriétaires ; car le nombre de quatre-vingts imprimeurs conservés étoit encore trop élevé de moitié, avec la censure [1] et l'impôt du timbre sur le papier, qui frappoit toutes les réimpressions d'ouvrages du domaine public. Les bénéfices réalisés, quand il y en avoit, suffisoient à peine à l'entretien de la famille et

---

[1] On a accusé à tort la censure impériale de s'être exercée sur les réimpressions de nos auteurs de premier ordre ; d'avoir exigé, par exemple, des suppressions dans le *Petit Carême* de Massillon ; mais elle alloit beaucoup plus loin : elle frappoit d'interdiction l'imprimerie dans l'un de ses services les plus essenticls, celui des débats judiciaires. On en peut juger par cet avis qui me fut notifié en ces termes : « Gaudefroy, inspecteur de l'imprimerie et de la librairie, « prévient M. Cr. que si par hasard les deux Mémoires ci-après lui « étoient présentés à l'impression, il est chargé *de lui intimer l'ordre* « d'en envoyer les manuscrits à la Direction générale (alors rue

de l'établissement, sans qu'il en restât rien pour amortir la dette de l'indemnité. La gêne et la misère furent donc le produit net de ce beau privilége du brevet, et du monopole exercé par quatre-vingts imprimeurs sans travail[1].

« Culture Sainte-Catherine, hôtel de Carnavalet), *malgré qu'ils fus-* « *sent* (sic) *revêtus de signatures légales d'avoués.* Le premier seroit « du sieur Nettement contre le sieur Fontaine, architecte de SA MA- « JESTÉ; le second du sieur Spontini contre le sieur Gobert.

« Samedi 6 février 1811, à huit heures du soir. »

[1] Le décret du 5 février 1810 avoit fixé le nombre des imprimeurs, à Paris, à soixante, lequel fut porté à quatre-vingts par le décret du 11 février 1811; mais comme le premier décret, tout impérial qu'il étoit, laissoit la latitude d'une année aux imprimeurs supprimés pour arranger leurs affaires, les vingt imprimeurs ajoutés n'avoient pas discontinué d'exercer. Ils participèrent donc comme les soixante premiers à la contribution de l'indemnité, et les quatre-vingts brevets datés du 1er avril 1811, furent délivrés en même temps. Ces quatre-vingts brevets ont été retirés en 1816, et remplacés par des brevets de rénovation du titre d'imprimeur. — Le Rapport de la commission fait à la Chambre des Députés, en 1830, sur la proposition de Benjamin Constant relative à la suppression des brevets, contient à l'égard de la position de ces vingt imprimeurs ajoutés à la première liste, une erreur de fait, qu'il n'est peut-être pas inutile de signaler, si, comme il est probable, la Chambre des Députés doit être saisie de nouveau de la question des brevets. « A peine un an s'étoit écoulé, « dit le Rapport de la commission, depuis le décret de 1810, qui « avoit fixé le nombre des imprimeurs pour Paris à soixante, qu'un « autre décret l'a porté à quatre-vingts. On ne voit pas qu'aucune in-

Cependant le commerce de la librairie s'étoit un peu ranimé après la chute du Gouvernement impérial, et c'est ce qui permit à la majeure partie des imprimeurs de se débarrasser de leurs chers brevets. Les apparences d'un meilleur régime, la longue inaction des presses, le besoin de livres, procurèrent quelque valeur aux brevets, de brillantes espérances aux cessionnaires, et aux vendeurs une modeste satisfaction pour les soucis et les embarras de leur infructueux exercice typographique. A cette époque les brevets furent comptés pour 12 à 15,000 fr. dans la vente des établissemens, à part le prix du matériel. Bientôt les grandes entreprises de la librairie qui se pressoient et se croisoient de toutes parts, donnèrent à l'imprimerie une activité inconnue jusqu'alors. La valeur des brevets augmenta successivement, et fut portée jusqu'à 30,000 francs dans les dernières années de la Restauration [1].

« demnité ait été réclamée ni obtenue pour cette augmentation. » On a vu, en effet, ci-dessus, que les vingt imprimeurs ajoutés à la première liste ont payé leur part d'indemnité; qu'ils ont ainsi allégé d'un quart la charge qui devoit être supportée par les soixante; qu'ils l'ont encore allégée de tout ce qu'il eût fallu leur payer à eux-mêmes vingt imprimeurs supprimés; considération qui détermina surtout cette annexe de vingt imprimeurs au nombre de soixante.

[1] Maintenant les brevets sont tombés à 12,000 fr., et encore ne trouvent-ils pas facilement des acquéreurs.

Cette faveur passagère s'expliqueroit facilement par le grand mouvement des affaires de la librairie pendant plusieurs années, par l'apparente prospérité de l'imprimerie, qui excitoit une sorte de concurrence lorsqu'un brevet devenoit vacant par décès ou démission, et encore par la confiance générale où l'on étoit d'une paix durable. Mais il y avoit une autre raison pour que les brevets fussent très recherchés, c'est qu'il étoit très difficile de les obtenir. L'administration, inquiète et mécontente du mouvement progressif des presses, excitée par les imprudentes déclamations du clergé contre les réimpressions des OEuvres de Voltaire, Rousseau et consorts, étoit plus disposée à entraver l'exercice de l'imprimerie qu'à le faciliter; plus disposée à faire revivre la discipline sévère des anciens règlemens en ce qui touchoit la surveillance des ateliers, qu'à concéder de nouveaux brevets pour toutes localités, ou à tolérer l'abus des prête-noms. La sévérité de l'administration antérieure à 1830 fut donc une des principales causes de la petite fortune des brevets, comme la foiblesse et l'insouciance de l'administration, depuis la révolution de Juillet, ont causé leur dépréciation, et annihileront bientôt leur valeur. Il faudroit être en effet bien désintéressé pour donner une somme d'argent quelque peu importante pour se faire imprimeur, quand il est libre à chacun, moyennant une modique rétribution payée à un titulaire, de monter une, deux ou trois autres imprimeries sous le même toit; quand il suffit qu'un député demande au Ministre de l'intérieur un brevet en faveur d'un protégé, pour qu'il l'obtienne aussitôt, n'importe dans quelle ville, bourg, village ou hameau. C'est ainsi que Paris se trouve aujourd'hui muni d'une enceinte continue d'imprimeries à Vaugirard, à Mont-rouge, à Sèvres, à Saint-Cloud, à Neuilly, à Sceaux, aux Batignolles, à Montmartre, à Belleville et autres lieux! Et personne ne s'est élevé, parmi nos législateurs-députés, contre de pareils abus, contre une aussi énorme infraction à la loi! Loin de là, ce sont les députés eux-mêmes qui sollicitent avec le plus d'obsession et d'importunité la délivrance de brevets, dont leurs protégés trafiquent aux barrières de la capitale et dans les départemens. Avec ces brevets, ils vont porter la désolation et la ruine dans les familles d'imprimeurs, qui, du jour au lendemain, se trouvent sans moyens d'existence; car les intrigans ne restent pas en chemin, et ils parviennent bientôt à dépouiller les anciens titulaires des travaux qui les faisoient à peu près subsister. En même temps l'ancien brevet reçu par héritage, ou acquis avec l'établissement, perd plus de la moitié de sa valeur. Tels sont les désordres et les abus qui ont été fréquemment signalés aux différens Ministres de l'intérieur et aux Chambres; mais aucune réclamation n'a été écoutée[1]. Quel moyen extrême reste-t-il donc aux imprimeurs pour sortir d'une situation si fausse et si dangereuse? c'est de demander la suppression des brevets!

Toutefois, jusqu'à ce que les Chambres aient décidé la question, les brevets d'imprimeur restent soumis à des conditions légales qu'il importe de bien connoître, et que les publicistes ont pris soin de recueillir

---

[1] Au mois d'avril 1835, M. Gille, imprimeur-libraire à Saint-Amand, département du Cher, a écrit, imprimé et adressé aux deux Chambres un Mémoire dans lequel est rapporté ce fait presque incroyable d'un individu qui est parvenu à se faire délivrer neuf brevets d'imprimeur qu'il a exploités sous différens noms. Comme le titre de cette pétition résume toutes les plaintes de l'imprimerie de Paris et des départemens, je le transcrirai en entier : *Mémoire dénonçant, 1° Un abus de pouvoir de la part de M. le Ministre de l'intérieur, dans la délivrance des brevets d'imprimeurs, contrairement aux lois, ordonnances et règlemens sur l'imprimerie, etc. — 2° Le refus de l'autorité administrative et judiciaire de poursuivre les infractions qui leur étoient signalées. — 3° Un trafic scandaleux des brevets d'imprimeurs par une Société anonyme; in-4°, de 54 pages*, plus un *Appendice* de 22 pages et un *Résumé* de 6 pages in-4°; ces deux dernières pièces imprimées séparément depuis le Mémoire.

et de commenter. C'est donc sous l'autorité de leurs noms, de leur expérience et de leurs écrits que j'exposerai ici la jurisprudence qui régit les brevets d'imprimeur.

Le brevet est délivré sur parchemin par le Ministre de l'intérieur.

Le droit de 5o francs à Paris, et de 25 francs dans les autres villes du royaume, établi pour frais d'expédition par les articles 2 et 3 du décret du 2 février 1811, ne peut plus être exigé, selon ce qui est prescrit aux budgets de l'État.

Le brevet doit être enregistré au greffe du tribunal civil de la résidence de l'impétrant, qui doit y prêter serment.

L'article 6 du décret de 1810 exige que les imprimeries soient pourvues de quatre presses à Paris et de deux dans les départemens. La contravention à cet article, constatée par jugement, peut entraîner le retrait du brevet.

Le brevet d'imprimeur est à vie. Quoique aucune loi ne le dise expressément, cela résulte de l'ensemble de la législation. Mais comme l'article 12 de la loi du 21 octobre 1814 autorise le retrait du brevet pour tout délit et même pour simple *contravention*, constatés par jugement, aucun imprimeur ne peut être assuré de conserver son brevet sa vie durant, tant que cette exorbitante pénalité subsistera dans la loi[1].

Le brevet est personnel et hors du commerce. Il ne peut être transmis par succession, ni cédé de quelque manière que ce soit.

---

[1] Sous cet article 12 de la loi du 21 octobre, l'auteur du *Commentaire sur les lois de la presse* a écrit l'observation suivante : « La question de savoir si cet article est conciliable avec l'article 7 de la Charte de 1830 a divisé de bons esprits. Cet article 7 de la Charte, en consacrant le principe de la liberté de la presse de la manière la plus absolue a interdit formellement le rétablissement de la censure. Or, dit-on, le pouvoir donné au Gouvernement par l'article 12 de la loi du 21 octobre 1814, de retirer à un imprimeur ou à un libraire son brevet, est contraire à des dispositions aussi formelles. Mais il faut observer que ce pouvoir n'est point une arme tout-à-fait arbitraire mise dans les mains du Gouvernement, puisqu'il ne lui est permis d'en faire usage qu'après une condamnation. Cependant nous pensons que s'il est juste d'interdire les professions d'imprimeur et de libraire à ceux qui s'en sont servis pour porter atteinte à l'ordre public, *il eût été plus conforme à l'esprit de la Charte* que le droit n'en fût confié qu'aux tribunaux. » — Cet indulgent commentaire de l'article 12 de la loi du 21 octobre 1814 ne peut diminuer en rien la portée de ce droit excessif de retirer le brevet à tout imprimeur qui aura été condamné pour simple contravention, que ce droit soit déféré à l'administration ou qu'il le soit aux tribunaux.

C'est certainement faute de connoître toute l'étendue de l'application qui pourroit en être faite contre tous les imprimeurs de France, que nos législateurs ont laissé subsister cet article 12 ; car ce droit est

Toute personne qui veut succéder à un imprimeur ou en continuer la profession doit se munir d'un nouveau brevet et prêter serment. Ces principes s'appliquent également à l'associé qui n'est point en nom

---

l'arme la plus dangereuse qui puisse être mise aux mains d'un gouvernement contre la liberté de la presse, s'il survenoit des circonstances, comme il s'en est présenté sous la Restauration, où il voulût en faire usage. C'est une contrainte par brevet, bien plus redoutable que les amendes et la contrainte par corps, puisqu'elle anéantit la position sociale de la famille.

On ignore qu'il n'y a pas un seul imprimeur à Paris, comme dans toute la France, quels que soient d'ailleurs ses soins, ses précautions et sa surveillance habituelle, qui ne soit exposé chaque jour à commettre une contravention; et si elles étoient toutes dénoncées par les inspecteurs de la librairie, les tribunaux ne suffiroient pas aux condamnations. En effet, l'excuse de l'intention n'étant pas admise en présence d'un fait matériel, aucune justification ne pouvant être tirée de la bonne foi ou du peu d'intérêt de la contravention, elle est commise, et la peine encourue, selon la loi, du moment où le fait a eu lieu. Les juges sont donc forcés de condamner, et ne peuvent qu'atténuer la peine dans les limites du maximum au minimum; mais le jugement suffit pour que l'administration ait la faculté de retirer le brevet. Si l'on réfléchit aux conséquences d'un pareil pouvoir, à l'abus que l'autorité pourroit en faire, dans des temps donnés, pour effrayer les imprimeurs et subjuguer la presse, on reconnoîtra que cet article 12 de la loi du 21 octobre 1814 est en contradiction formelle avec l'esprit et la lettre de la Charte, et qu'il doit être banni de la législation.

dans le brevet, et au fils après l'interdiction de son père. Cependant il a été apporté une exception à l'égard des héritiers. Ils peuvent continuer l'exploitation du brevet du titulaire jusqu'à ce que l'autorité ait statué sur la demande du brevet en remplacement ; et l'article 8 de la loi du 5 février 1810 recommande à l'administration d'avoir des égards particuliers pour les familles : « Cet article est de tous les temps, dit M. l'avocat-général Parant ; et il est bon que l'administration persiste à le prendre pour guide. »

La veuve d'un imprimeur breveté peut continuer l'exploitation de l'imprimerie de son mari, sans autorisation nouvelle tant qu'elle reste veuve ; si elle se remarie, elle perd son droit, à moins qu'elle n'ait été pourvue d'un nouveau brevet.

Les syndics de la faillite d'un imprimeur ne peuvent continuer les opérations d'imprimerie du failli. La faillite n'est pas par elle-même une cause de déchéance du brevet, mais elle est une cause de suspension tant que durent ses opérations ; l'exercice du titre peut être alors suppléé par un autre imprimeur breveté, autorisé à cet effet par l'administration. Après les opérations de la faillite, rien ne s'oppose à ce que l'imprimeur reprenne l'exercice de sa profession ; et même avant qu'elles soient toutes terminées, l'imprimeur peut continuer son exercice, pourvu que ce soit du consentement de tous les intéressés.

Le brevet ne peut être cédé en tout ou en partie; il est donné pour un lieu et une résidence déterminés. Un imprimeur ne peut donc exploiter une imprimerie dans une autre ville que celle de sa résidence, soit par lui-même, soit par une personne qui se diroit son commis; il peut prendre des associés, mais il ne peut déléguer la gestion de son imprimerie, ni la mettre sous le nom d'un associé, la responsabilité imposée par la loi restant toujours attachée au titre d'imprimeur.

Les imprimeurs doivent avoir tous leurs ateliers réunis dans le même local, et ils ne peuvent en ouvrir d'autres, même dans la ville de leur résidence, sans une autorisation spéciale.

Tels sont les principes les plus essentiels de la jurisprudence en matière de brevets, fixée par les arrêts de la Cour de cassation. Comme on n'exerçoit pas autrefois l'imprimerie en vertu de brevets [1], il a fallu

---

[1] Il y avoit cependant des imprimeurs à brevets, tels que les imprimeurs ordinaires du Roi, et ceux auxquels le prince accordoit des brevets de survivance ou des brevets de retenue. Ces brevets assuroient aux héritiers ou successeurs la charge d'imprimeur ordinaire

une jurisprudence toute neuve pour en régler la possession et l'usage. Toutefois, c'est au règlement de 1723 que l'on a emprunté cette disposition favorable qui permet à une veuve de continuer, sans autorisation, l'exploitation du brevet de son mari ; disposition qui ne se trouvoit exprimée dans aucun article des lois nouvelles. Il y auroit beaucoup d'autres articles de ce règlement dont l'application seroit très utile à l'imprimerie, surtout en ce qui concerne les conditions de capacité, l'apprentissage, les réceptions, l'ordre et la police des ateliers. Mais que des règlemens soient extraits de l'ancien Code de l'Imprimerie, ou des cartons du conseil d'État, toujours est-il qu'ils sont aujourd'hui de toute nécessité pour l'imprimerie.

On n'étoit pas imprimeur autrefois, comme je l'ai dit, en vertu d'un brevet, mais un brevet servoit à le devenir ; c'étoit celui d'apprentissage. Cet acte étoit passé par-devant notaire en la Chambre de la commu-

---

du Roi, avec appointemens annuels ; mais ils ne conféroient pas le titre d'imprimeur qui ne s'acquéroit que dans la forme voulue par les règlemens. Il y avoit encore des imprimeurs reçus pour exercer conjointement, et d'autres qui étoient reçus, mais qui ne pouvoient exercer jusqu'à ce qu'il survînt une vacance. A l'époque de la révolution de 1789, J.-J. Denys Valade, reçu imprimeur le 13 mai 1785, se trouvoit dans sa cinquième année d'expectative.

nauté, en présence et du consentement des syndic et adjoints. L'apprenti devoit au préalable représenter un certificat du recteur de l'Université, attestant qu'il traduisoit le latin et savoit lire le grec [1]. Pour devenir imprimeur il falloit d'abord justifier de l'acquittement des quatre années d'apprentissage stipulées au brevet, exhiber un certificat de bonnes vie et mœurs, *plus un certificat de catholicité*, signé de quatre maîtres imprimeurs. On subissoit ensuite un examen sur le fait de la librairie. Après cet examen, l'apprenti soutenoit une épreuve de sa capacité sur toutes les parties de l'imprimerie. Cet examen et cette épreuve avoient lieu devant les syndic et adjoints en charge, assistés de quatre anciens officiers de la communauté dont deux exerçant l'imprimerie, et de quatre autres libraires ayant au moins dix années de réception, dont deux également exerçant l'imprimerie. Ces huit examinateurs étoient tirés au sort par l'aspirant, tant dans le nombre des officiers de la communauté, que dans celui des libraires et imprimeurs qui avoient dix années de réception. Les examinateurs se réunissoient à la Chambre, et procédoient par voie de scrutin à l'épreuve et à l'examen, lesquels devoient durer au moins deux

---

[1] *Code de la Librairie et Imprimerie de Paris*, art. 43 *et suiv.*

heures. Pour être reçu, il falloit réunir les deux tiers des voix. Toutes les pièces constatant que l'aspirant avoit toutes les qualités requises étoient remises par le syndic entre les mains du Lieutenant-général de police, qui les transmettoit avec son avis au garde des sceaux. Ce n'étoit que sur le vu d'une expédition d'un arrêt du conseil d'État que l'on procédoit à la réception de l'aspirant dans la Chambre de la communauté, en présence des anciens syndics et adjoints. Le nouveau maître imprimeur prêtoit serment par-devant le Lieutenant-général de police, en présence des syndic et adjoints en charge, et mention en étoit faite sur les lettres de maîtrise.

Tant de formalités, de précautions et de sévérité imposées pour acquérir le titre d'imprimeur paroîtroient aujourd'hui outre-passer la mesure des garanties morales, littéraires et typographiques; mais assurément l'excès contraire ne sauroit être sans danger pour l'État, et sans grand dommage pour ceux qui exercent ou sont destinés à exercer l'imprimerie.

Dans l'état actuel de la société, ou les brevets sont inutiles, et il faut les supprimer; ou ils sont nécessaires, et il faut les maintenir, et leur donner l'appui et le complément qui leur manquent; car, sans un règlement, les brevets s'abrogeront d'eux-mêmes.

La question de l'abolition des brevets d'imprimeur a été vivement discutée en 1830 à la Chambre
des Députés, sur la proposition de Benjamin Constant,
qui s'étoit rendu l'organe des ouvriers. Malgré le ta-
lent et l'autorité du nom de l'orateur, malgré les dispositions favorables de l'assemblée pour une classe de
citoyens qui avoit tant contribué à décider le mouvement de résistance aux ordonnances de Juillet, la proposition fut rejetée. Sous le point de vue politique,
la suppression des brevets, ou, en d'autres termes, la
faculté d'ouvrir en tous lieux des imprimeries, pouvoit faire question en 1830; mais depuis dix ans, la
licence et le scandale de la presse se sont chargés
d'avertir le pays qu'une nouvelle ère d'anarchie date-
roit du jour où les presses seroient libres en France.
La Chambre des Députés, dans les circonstances où
l'on se trouvoit en 1830, fit donc un acte de sagesse,
de fermeté et de prévoyance en rejetant la proposition de Benjamin Constant, organe des ouvriers. Mais
que fera-t-elle lorsque les maîtres imprimeurs eux-
mêmes viendront solliciter la suppression de leurs
brevets devenus inutiles et onéreux par l'incurie de
l'administration? Ce n'est pas ainsi que nous compre-
nions en 1837 l'émancipation complète de l'imprimerie, que nous regardons encore comme inévitable,

mais pour des temps qui paroissent s'éloigner de plus en plus, pour des temps où le calme des esprits, les progrès de la raison publique et l'amélioration des mœurs constitutionnelles permettront, comme chez des nations voisines plus heureuses, le libre usage des presses sans danger pour l'ordre moral et politique. C'est donc encore à la sagesse de la Chambre des Députés qu'il faut se confier pour prononcer sur cette question décennale des brevets. Mais si, comme il est très probable, elle ne juge pas que les temps de la liberté des presses soient encore venus pour la France, elle devra provoquer de toute son autorité les règlemens formellement promis par les lois pour garantir les imprimeurs brevetés contre les abus administratifs, et contre les mauvais conseils de la misère et du désespoir.

La fixation du nombre des imprimeurs à trente-six pour Paris, déterminée par l'édit de 1686, n'excita pas moins de réclamations que les brevets en 1830. Pendant près de quarante ans cet édit fut tour à tour attaqué et défendu par les intéressés, mais dans des vues et par des motifs bien différens que les brevets; car dans tous les Mémoires qui furent publiés pour ou contre la fixation, dans les assemblées et les conférences où la question fut longuement et vivement débattue, il ne s'agissoit pas d'accorder à tout individu le droit d'établir des presses, mais de faire lever, à l'égard des libraires seulement, l'interdiction de l'exercice de l'imprimerie, dont les frappoit l'article 43 de l'édit de 1686, ainsi conçu : « Ceux des libraires qui « ne seront actuellement imprimeurs ne pourront « ci-après en faire profession, tenir aucune imprime- « rie, ni même se présenter pour remplir les places « des imprimeurs qui seroient vacantes, lesquelles se- « ront remplies par les fils d'imprimeurs, s'ils se trou- « vent avoir les qualités requises, ou par ceux qui « auront fait apprentissage chez les maîtres impri- « meurs. »

Une exclusion si rudement prononcée ne portoit pas seulement atteinte aux intérêts des libraires, elle les blessoit encore dans le sentiment le plus irritable chez les corporations, celui de l'amour-propre. Il s'engagea donc une lutte très animée entre les libraires et les imprimeurs, et elle n'eut d'autre terme que le Règlement de 1723. Il y eut un grand nombre de Mémoires, de répliques et de contre-répliques publiés de part et d'autre ; et l'on ne se ménagea pas les vérités, comme il arrive dans toutes les discussions de cette nature. Mais ce qu'il y a de remarquable dans tous ces écrits, c'est que les argumens pour et contre

la fixation du nombre des imprimeurs avoient surtout pour principe la défense des intérêts de l'imprimerie sous le rapport de l'art, et le maintien de son
ancienne renommée. Quelques extraits de ces Mémoires mettront le lecteur à même d'apprécier l'esprit
et les sentimens qui animoient en ce temps le corps de
l'imprimerie et de la librairie.

EXTRAIT *d'un Mémoire des Libraires et Imprimeurs de
Paris, contre la fixation du nombre des Imprimeurs
établie par l'art.* XLIII *du Règlement de* 1686 (1721).

« Les libraires et imprimeurs de Paris, qui ont eu
l'honneur de présenter à Monseigneur le Chancelier
plusieurs Réquêtes et Mémoires au sujet de la réduction
du nombre des imprimeurs de Paris, ordonnée par
l'article 43 du Règlement de 1686, voient avec douleur
que ce même article se trouve confirmé par le Règlement que le Conseil est prêt à leur donner.

« La fixation des imprimeurs (s'il est permis d'user
de ce terme) a été inconnue en France avant 1686 ;
elle l'est encore à présent à toutes les autres nations
de l'Europe [1]. Elle n'a été introduite à Paris que par

---

[1] Encore de nos jours le nombre des imprimeurs n'est limité par
les lois dans aucun pays de l'Europe, quoique la liberté de la presse
y soit plus ou moins restreinte.

des vues particulières et intéressées, avec aussi peu de justice que si l'on vouloit ôter à une partie de ceux qui s'adonnent à l'art du dessin, la liberté d'employer leurs talens à la peinture ou à la sculpture. Enfin cette fixation est directement opposée au progrès des sciences et des arts, puisqu'elle met les libraires hors d'état de s'engager dans des entreprises considérables.

« Pour juger s'il est juste et même s'il est avantageux pour le bien des lettres d'exclure de l'imprimerie ceux qui font le commerce des livres, il est à propos d'examiner quelles sont les qualités propres à un habile imprimeur.

« Le discernement, le bon goût, l'exactitude, et même, si on ose le dire, l'érudition, sont les parties essentielles d'un excellent imprimeur. Il doit être nourri dans l'usage de ces belles éditions de France et d'Italie, qui ont paru dans le cours du XVIᵉ et du XVIIᵉ siècle : et ce n'est pas moins sur ces modèles qu'il faut se former et prendre de l'émulation, que dans la conversation et sur les avis de ceux qui font profession de cultiver les sciences.

« Peut-on contester que les libraires, par l'étendue de leur commerce et la fréquentation des savans et des bibliothèques, ne soient plus à portée d'acquérir ces qualités essentielles dont on vient de parler, que les imprimeurs, qui, renfermés dans les bornes étroites de leurs imprimeries, n'ont d'autres connoissances que celles que leur donne le petit nombre d'ouvrages qui leur passent par les mains ?

« Assembler des lettres de métal, travailler à une presse, sont des occupations qui dépendent peu des lumières de l'esprit. Savoir la mécanique de l'imprimerie ne conduit pas à corriger un ouvrage avec exactitude, à disposer avantageusement le texte d'un auteur, à y placer à propos les notes, les citations des sommaires et les divisions. Enfin, il faut plus que des connoissances acquises par la seule habitude du travail, lorsqu'il s'agit de soulager le lecteur par une distribution bien entendue des parties qui composent un ouvrage de critique.

« Les Badius, les Estienne, les Turnèbe, les Morel (auteurs et imprimeurs en même temps) en fournissent des exemples. Occupés dans le cabinet à composer ces respectables monumens de leur érudition, qui sont entre les mains de tous les savans, ils n'employoient pas leurs momens précieux à vaquer aux occupations manuelles de l'imprimerie ; mais ils se contentoient de diriger le travail, et d'en prescrire l'arrangement aux ouvriers....

« C'est donc préjudicier aux lettres que d'exclure les libraires de l'imprimerie. »

Extrait *du Procès-verbal de l'assemblée générale de la Communauté des Libraires et Imprimeurs de Paris, tenue par ordre de Mgr le Chancelier, les 26 et 27 mars 1721, concernant la levée de la fixation du nombre des Imprimeurs.*

« Le sieur Robustel, libraire, ancien syndic, a dit qu'ayant eu l'honneur d'être un des députés aux conférences pour le nouveau règlement, il étoit obligé de déclarer que l'intention des députés, dans ce travail, n'avoit été que de compléter tous les anciens et nouveaux règlemens intervenus sur le fait de la librairie et imprimerie; et que sur ces principes ils n'avoient pas jugé devoir proposer rien de contraire à ces mêmes règlemens. Mais voyant que presque toute la Communauté se réunit aujourd'hui pour demander la levée de la fixation, il a cru ne pouvoir refuser de se joindre sans trahir sa conscience.

« Le sieur Ballard a dit qu'étant du nombre des trente-six imprimeurs de l'année 1694, il auroit autant et plus d'intérêt que personne à maintenir la fixation, s'il n'avoit une expérience constante qu'elle est en tout contraire aux intérêts des imprimeurs et de leurs familles, et même à la perfection de l'art de l'imprimerie. Et a signé.

« Ont été du même avis que le sieur Ballard, et par les mêmes motifs : les sieurs Sevestre, Delespine, Coignard, Le Mercier, Langlois, Rebuffé, Jollet, Valleyre père, Émery, Louis Coignard, Knapen, du Mesnil, Desprez, Huguier, Grou, Rondet, Coustelier, Chardon, Lamesle fils; Mazuel, Laisnel, Imbert de Bats, Jouvenel, Vincent, Quillau, Josse, Delaulne, d'Houry.

« Le sieur Valleyre, fils d'imprimeur, a dit que personne ne sait mieux que lui l'injustice et les préjudices que ressentent les fils d'imprimeurs, de la fixation ordonnée par l'article 43 du Règlement de 1686. Quoique revêtu des qualités requises, il y a plus de dix ans qu'il plaide pour se procurer un établissement qui semble lui être dû par sa naissance : il est même à présent en instance à ce sujet au Conseil du Roi : c'est pourquoi pour y parvenir avec plus de facilité, il est de l'avis du sieur Ballard.

« Il résulte de ce Procès-verbal que 216 libraires ou imprimeurs ont opiné dans l'assemblée générale, dont 188 ont été d'avis de demander la levée de la fixation, et 28 ont requis la communication du Mémoire, ainsi qu'il est constaté par l'état suivant :

Libraires. 118

Imprimeurs. 11   *Pour la communication*
Libraires, fils d'im-   *du Mémoire :*
   primeurs. 9
Libraires, gendres   43   Imprimeurs. 19
   d'imprimeurs. . 4   Libraires, fils d'impri-
Libraires, appren-   meurs. 5
   tis d'imprim. . . 19   Veuves d'imprimeurs. . 4
Veuves de libraires. . . 24   ___
Veuves d'imprimeurs. 3   28
        ___
       188

Jean-Baptiste Coignard, imprimeur ordinaire du Roi et de l'Académie française, qui avoit été, dans le principe, d'un avis contraire, revint à la majorité, et donna, par écrit, ses motifs, que les libraires opposés à la fixation s'empressèrent de publier comme il suit :

« L'expérience m'a fait reconnoître que la fixation du nombre des imprimeurs à Paris, pouvoit éloigner les sujets qui seroient le plus en état d'exercer l'imprimerie avec honneur et distinction, et qu'au contraire elle faciliteroit l'entrée de cette profession à ceux qui n'y apportoient d'autres dispositions que leurs qualités de fils et de gendres de maîtres imprimeurs. C'est ce qui m'engage à supplier très humblement Monseigneur le Chancelier d'abroger, par le nouveau Règlement qui doit intervenir, la fixation ordonnée par l'article 43 du Règlement de 1686 ; et, en conséquence, donner à ceux qui ont été ci-devant reçus libraires, et à ceux qui seront par la suite admis dans la communauté, la liberté d'exercer l'imprimerie, en justifiant au préalable de leurs probité, capacité et facultés.

« La probité sera certifiée par deux anciens libraires et par deux anciens imprimeurs, conformément à l'article du nouveau règlement.

« La capacité sera justifiée par un examen et une épreuve sur le fait de l'art de l'imprimerie en la forme prescrite dudit règlement, et encore par un certificat de congruité qui sera donné par M. le Recteur de l'Université, sans que ceux qui ont été ci-devant reçus puissent se prévaloir de celui qu'ils auroient apporté lors de leur réception à la librairie, s'il n'a été donné dans ladite forme.

« A l'égard des facultés, elles seront justifiées par une visite exacte de l'imprimerie que l'aspirant établira, et dont il ne pourra faire aucun usage si elle n'est conforme à l'ordre et police établis, tant pour la qualité et quantité des fontes et caractères que pour le nombre des presses, dont à cet effet les *visses* seront déposées en la Chambre syndicale, jusqu'à ce que, par le résultat dudit procès-verbal de visite, ladite imprimerie se trouve en tout conforme à ladite police. »

Extrait *de la Réponse des Imprimeurs au Mémoire des Libraires, sur la fixation du nombre des Imprimeurs à Paris (1721).*

« Les imprimeurs croiroient manquer à ce qu'ils doivent au public et à leur réputation, s'ils ne démasquoient pas l'artifice et le déguisement que les libraires prodiguent dans leur Mémoire, pour détruire les règlemens si long-temps désirés, si largement médités et si scrupuleusement exécutés, et dont la révocation causeroit la ruine totale de l'imprimerie, et le renouvellement des désordres qu'une salutaire fixation du nombre des imprimeurs avoit pu seule arrêter.

« Plus les imprimeurs se prêtent aux tempéramens qui peuvent rétablir la paix et l'union si désirables entre les imprimeurs et les libraires, plus les libraires s'efforcent d'augmenter le trouble et la désunion.

« Il ne paroîtra pas étonnant que tous les libraires aient souscrit une requête dont le but est de leur procurer la liberté d'avoir une imprimerie. Réduits, pour la plupart, par leur grand nombre, à tenir des étalages sur les ponts, sur les quais et aux portes des églises, ils se promettent de cette liberté trop d'avantages pour refuser leur applaudissement à cette nouveauté. On ne doit pas être plus étonné que quelques imprimeurs se soient divisés d'avec leurs confrères; il ne seroit pas difficile de prouver que leur démarche n'a été animée que par des intérêts particuliers.

« Mais ni l'utilité de l'imprimeur, ni l'avantage du libraire, ne sont point les motifs qui doivent décider du sort de cette fixation. C'est l'intérêt du public, son repos et ses avantages qu'il faut consulter.

« Si l'on pèse d'abord les inconvéniens que produiroit la levée de la fixation, l'on ne manquera pas de voir l'illusion et le faux des désavantages que les libraires imputent à cette fixation.

« Permettre à tous les libraires de Paris d'exercer l'imprimerie, ce seroit former un peuple d'imprimeurs; ce n'est pas exagérer. Il y a cinquante-deux imprimeries à Paris, tenues par des maîtres ou par des veuves. Les libraires, dont le nombre n'est pas limité, et qui par conséquent peut encore augmenter, sont plus de deux cents, sans parler des veuves. Où ne pourroit donc pas monter par la suite le nombre des imprimeurs, si l'on accordoit aux libraires ce qu'ils demandent aujourd'hui (1721)?

« Le trop grand nombre de personnes qui exercent une même profession ôte nécessairement à la plus grande partie le moyen d'en tirer sa subsistance. L'indigence ne manque pas de produire la négligence du beau, et les contraventions. C'est un malheur de toutes les professions, et dont les imprimeurs n'ont pas été exempts. Mais comme l'imprimerie est un art qui produit le mal avec la même facilité que le bien, la misère de l'imprimeur est d'une conséquence infiniment plus périlleuse pour la religion et pour l'État, par la nécessité où elle peut le réduire de prêter des presses oisives à des ouvrages dangereux. Une longue et triste expérience de cette vérité, fit naître dans le xvie siècle une infinité de règlemens qui ne purent arrêter le cours de ce désordre, par l'impossibilité de surveiller à un trop grand nombre d'imprimeries.

« On reconnut enfin, dans le commencement du dernier siècle, la nécessité de réduire le nombre des imprimeurs de Paris; et la fixation dans cette capitale, en 1686, suivie de la fixation des imprimeurs dans toutes les villes du royaume, comme elle avoit été précédée de celle des imprimeurs de Toulouse, a enfin procuré la cessation presque totale de la licence, que la sévérité des peines n'avoit pu réprimer jusque-là....

« Le Règlement de 1686, dont le projet fut achevé en 1683, a été l'ouvrage commun des libraires et des imprimeurs, sous le syndicat de Charles Angot, libraire. Il fut imprimé en 1684, aux dépens de la Compagnie, avec tous les anciens règlemens. L'uti-

lité publique confiée au magistrat [1] qui veilloit si at-
tentivement à la police de cette grande ville, qui eut
la direction de ces statuts, leur procura la force de loi,
par l'autorité du Prince, et la solennité de l'enregis-
trement.

« Il est triste pour les libraires de se voir démentis
par celui [2] de leurs confrères qui nous a donné l'*His-
toire de l'Imprimerie et de la Librairie*. Comment
d'ailleurs a-t-on pu se flatter de faire regarder comme
l'ouvrage de la surprise une fixation confirmée par
tous les Édits, les Déclarations, les Arrêts et les Règlemens sur le fait de l'Imprimerie, qui ont paru depuis
l'Édit de 1686?

« Ils ne sont pas plus fidèles quand ils imputent la
décadence de l'imprimerie à cette fixation. Leurs ca-
talogues, qui sont à la main de tout le monde, prouvent
que l'on n'a jamais imprimé des ouvrages aussi impor-
tans que depuis cette fixation.

« Comment concilier cet état déplorable où les
libraires supposent l'imprimerie de Paris, avec ces
belles éditions des Bibles, des Pères grecs et latins,
des Historiens soit ecclésiastiques soit profanes, des
Vocabulaires en différentes langues et sur des matières

---

[1] De La Reynie, conseiller d'État, lieutenant-général de police.
[2] Jean de La Caille, 1689, page 262 de son livre.

différentes ; enfin de tant de livres en tout genre de littérature qui sont sortis des imprimeries de cette capitale depuis 1686, et qui ont été la source de la fortune des libraires ?.....

« Mais si l'imprimerie de Paris est en état d'exécuter les ouvrages les plus difficiles, elle ne l'est pas moins de suffire à tous ceux qui peuvent se présenter, quelque nombreux qu'ils puissent être. Il est de notoriété que de cinquante-deux imprimeries qui sont actuellement tant chez les imprimeurs que chez les veuves, et qui comprennent plus de 200 presses en état de travailler, il n'y a pas 50 presses occupées. Cette vérification seroit facile, s'il plaisoit à Monseigneur le Chancelier d'ordonner une visite dans les imprimeries, pareille à celle qui fut faite en 1703 par les sieurs Delamarre et Mesnier, commissaires au Châtelet, lors d'une semblable tentative des libraires.

« D'ailleurs si le nombre des imprimeurs est fixé, le nombre des presses ne l'est pas. Ainsi, il seroit d'une inutilité évidente de multiplier les imprimeurs, quand même le travail exigeroit un plus grand nombre de presses.

« On convient avec les libraires que le discernement, le bon goût, l'exactitude et l'érudition sont des parties essentielles à un bon imprimeur : mais ces avantages ne lui suffisent pas. L'art de l'imprimerie, comme tous les autres arts, la sculpture, la peinture, ne dépend pas moins de l'exercice que de l'entendement. Tout art est une habitude, une facilité que l'exercice et l'expérience peuvent seuls donner.

« Assembler des lettres de métal, travailler à une presse, sont, à la vérité, des occupations qui dépendent peu des lumières de l'esprit; mais ce travail n'est pas le partage du maître imprimeur. Cette mécanique, réservée à des ouvriers, laisse au directeur des occupations plus relevées. Le choix des caractères, leur différence pour les textes ou pour les notes, leur diversité, leur arrangement et leur proportion, sans parler de la correction, produisent ce coup d'œil qui fait le charme du savant curieux, et sont des parties que la seule possession d'une imprimerie ne procure point. Pour bien diriger cet ouvrage servile de l'ouvrier, il faut avoir pratiqué et exécuté soi-même.

« Que l'on ôte, s'il est possible, du cœur du libraire cette cupidité du gain qui le porte à se refuser à la dépense nécessaire pour la perfection d'un ouvrage, et que l'on y substitue l'amour du bien public, le goût de la réputation, et la modération dans la récompense de son travail, l'on verra bientôt paroître les belles éditions pour un prix modéré.

« L'imprimeur a toujours devant les yeux les Vitré, les Cramoisy, et tant d'autres célèbres imprimeurs. Cette émulation a souvent produit, même dans les derniers temps, des ouvrages que ces grands maîtres de l'art ne désavoueroient pas. L'imprimeur n'a rien tant à cœur que ce beau travail qui éterniseroit son nom. Mais le peut-il quand le libraire refuse d'y concourir? Il ne seroit que trop facile de fournir des preuves de ce ménage sordide du libraire. Que le public fasse seulement attention sur le papier que les libraires font employer, et dont les différentes qualités contribuent tant au charme ou au dégoût de l'édition, et il lui sera facile de connoître de quel côté vient le désordre et la décadence de la librairie.

« Accuser l'imprimeur de tyrannie parce que le rehaussement de toutes les marchandises le force d'augmenter à proportion le prix de son travail, c'est rendre l'imprimeur garant d'un malheur public, et dont il souffre le premier, par l'augmentation du prix des caractères, des journées d'ouvriers, et de tout ce qui sert à l'imprimerie.... »

EXTRAIT *d'un Mémoire servant de réplique à la réponse des Imprimeurs au Mémoire présenté à Mgr le Chancelier par la Communauté des Libraires et Imprimeurs* (1721).

« L'imprimerie diffère des autres arts ; il demande autant de facultés que d'intelligence. Qu'un homme soit habile dans la peinture ou la sculpture, ses talens lui suffisent, il les peut mettre au jour, quoique né sans biens.

« Dans l'imprimerie, quelque expérience qu'un homme ait de la mécanique de l'art, s'il est né sans fortune, sans goût et sans lumières, il peut être tout au plus ouvrier. S'il parvient à la maîtrise, et que les fonds lui manquent pour lever une imprimerie bien assortie, n'étant pas d'ailleurs pourvu des qualités nécessaires à un imprimeur, il est hors d'état de *produire le beau* ; il est par conséquent inutile à la république des lettres.

« Tels sont la plupart des imprimeurs à qui la fixation a procuré l'exercice de cet art. Redevables de leur état à la seule naissance ou au rang, sans égard au mérite, ils ont tellement multiplié les mauvaises imprimeries, qu'il n'y en a pas quinze dans Paris où l'on puisse faire exécuter des ouvrages de quelque considération.

« Il leur est difficile de se défendre sur les mauvaises impressions qui paroissent depuis plusieurs années. Pour détruire l'amas de phrases ampoulées qu'ils emploient, à dessein de persuader que notre *ménage sordide*, et la *mauvaise qualité du papier* dont nous nous servons, produisent ces mauvaises impressions; il suffit de leur répondre que tous les défauts d'impression dépendans de l'exécution (ce sont ceux que nous leur reprochons) ne peuvent jamais provenir du papier. Quel rapport peut avoir avec le papier une impression pochée, pleine de moines ou de pâtés, mal tirée en registre ou en rencontre, noire à l'excès dans des feuilles, dans d'autres blanche à ne pouvoir la lire? Quel rapport y a-t-il du papier aux caractères usés jusqu'à l'extrême qu'ils emploient, au mélange de caractères vieux et neufs dans un même ouvrage, lorsque cet ouvrage exige plusieurs sortes de caractères employés ensemble?....

« De l'aveu même de ceux qui soutiennent la fixation, il y a 150 presses à Paris (sur 200) qui ne sont pas occupées. Le nombre des presses n'est donc pas ce qui peut rendre l'imprimerie plus ou moins recommandable.... Les presses ne sont pas des objets aussi considérables qu'on cherche à le persuader. Une bonne presse revient environ à 200 livres; elles dépérissent peu et nous en voyons qui subsistent depuis le temps de Henri ii [1], sans avoir discontinué de travailler. Le nombre des caractères, le choix des ouvriers, et les attentions infinies de celui qui conduit une imprimerie, sont les seules parties qui peuvent en faire le mérite.....

« *L'art d'enfanter ce qu'ils admirent*, dit-on, en parlant de nous autres libraires, *où l'auroient-ils acquis plus que tant de savans qui avoueroient sans honte que tout leur manque pour ces admirables productions?* Non-seulement les savans, mais même les personnes ordinaires, ne conviendront pas de ces difficultés insurmontables, et ceux des savans qui ont fait imprimer possèdent souvent moins que nous l'art de disposer un ouvrage. L'exemple de S. M. (Louis xv) qui, dans un âge aussi tendre et en si peu de momens, a su prendre une teinture de cet art jusqu'à imprimer un ouvrage de sa composition, des principales rivières de l'Europe, fait voir que cette connoissance n'est pas si difficile à acquérir. »

Comme les imprimeurs avoient reproché aux libraires, qui les accusoient de hausser les prix d'impression,

---

[1] C'étoit à dire, en 1721, depuis plus de cent soixante ans, en comptant de la fin du règne de Henri ii, mort en 1559.

l'excessive cherté du Dictionnaire de Furetière, qui avoit été cependant imprimé à Trévoux en 1720 [1], aux dépens de six libraires de Paris, ceux-ci répliquèrent « que ce Dictionnaire avoit été exécuté dans un temps très difficile ; que les seules voitures avoient monté à des sommes extraordinaires ; qu'un nombre considérable d'exemplaires avoient été gâtés par le débordement des rivières, et que les fonds destinés pour ce qui restoit dû des frais de l'édition étoient restés en billets de banque [2]. »

Ces longs débats, ces récriminations, qui, dans chaque nouvel écrit, devenoient plus circonstanciés, plus ani-

---

[1] Trévoux est une petite ville de l'ancienne province de Bresse, maintenant du département de l'Ain. Elle est située sur la rive gauche de la Saône, à trois lieues au-dessus de Lyon. Elle étoit autrefois capitale de la principauté de Dombes, dont le duc du Maine étoit souverain. Il y transféra le siége de son Parlement en 1696, et y établit une imprimerie, d'où sont sortis les *Mémoires* ou *Journal,* ainsi que le *Dictionnaire,* qui portent le nom de *Trévoux.* La première édition de ce Dictionnaire est de 1703 ; la seconde, de 1721. Cette imprimerie fut long-temps très active, et exploitée par différentes compagnies de libraires de Paris. La nouvelle compagnie, formée en 1751, étoit propriétaire de l'imprimerie et des bâtimens à Trévoux, et des magasins de librairie qui en dépendoient, dans le Collége de Cluny à Paris.

[2] La banque de Law.

més, où se divulguoient les secrets du métier, fournissent aujourd'hui des documens très curieux sur la situation, les usages et les rapports de l'imprimerie et de la librairie, après l'édit de 1686. Le règlement de 1723 mit fin aux Requêtes et aux Mémoires : la raison de surveillance et d'ordre public l'emporta contre les prétentions très plausibles des libraires, qui n'eurent pas toutefois, eux et leurs successeurs, à regretter leur séparation forcée de l'exercice de l'imprimerie. Sans aucun doute, il surgira plus d'une fois encore des réclamations, des discussions sur la fixation du nombre des imprimeurs; mais on ne verra pas les libraires revendiquer leurs anciens droits, et demander à cumuler deux professions qui depuis trente ans sont affligées par des catastrophes sans nombre, et livrées, par brevets, à tous les désordres qu'engendrent l'impéritie et l'ignorance!

LISTE DES IMPRIMEURS DE PARIS,

NOMMÉS EN 1810 ET 1811, ET BREVETÉS LE 1ᵉʳ AVRIL 1811.

Agasse.

Bailleul.

Ballard (*Pierre-Robert-Christophe*), reçu imprimeur le 24 septembre 1779; doyen.

Baudouin (*François-Jean*), reçu imprimeur adjoint à M. Lambert, son oncle, le 8 février 1782.

Belin.

Bertrand-Potier.

Boiste.

Bossange.

Brasseur.

Cellot (*Louis-Marie*), reçu imprimeur le 1ᵉʳ avril 1788, par la démission de son père.

Chaignieau aîné.

Chanson.

Charles.

Clô.

Colas.

Cordier.

Courcier.

Couturier (*Pierre-Denys*), reçu imprimeur le 15 juillet 1782, par la démission de son père.

Crapelet (*Georges-Adrien*), successeur de son père Charles Crapelet en 1809.

Cussac.

Dehansy.

Delaguette, née Knapen, veuve de Pierre Méry, reçue imprimeur le 21 mars 1788, par le décès de son mari.

Délalain.

Demonville-Guénard.

Dentu.

Didot aîné (*Pierre*), reçu libraire le 16 décembre 1785; a succédé à l'imprimerie de son père François-Ambroise Didot en 1789.

Didot (*Firmin*), frère du précédent, a succédé à la fonderie de son père en 1789.

Didot jeune, cousin germain des précédens.

Dondey-Dupré.

Doublet.

Dubray.

Eberhart.

Égron.

Éverat.

Fain.

Feugueray.

Froullé.

Gillé.

Gratiot.

Gueffier, successeur de son père, reçu imprimeur le 18 mai 1773.

Hacquart.

Hardy.

Haussmann.

Herhan.

Hocquet.

Huzard (madame), née Vallat-la-Chapelle , libraire.

Imbert,

Jeunehomme (veuve) , née Millord.

Laurens aîné.

Lebégue.

Leblanc.

Leclere (*Adrien*).

Ledoux.

Lefebvre.

Le Normant.

Lesueur (veuve), née Duminil.

Lottin de Saint-Germain (*Jean-Roch*), reçu imprimeur le 3 août 1784.

Mame.

Maugeret.

Michaud.

Migneret.

Moreaux.

Nicolas-Vaucluse.

Nouzou.

Patris.

Perronneau.

Pillet aîné.

Plassan.

Porthmann.

Poulet.

Prudhomme fils.

Renaudière.

Richomme.

Rougeron.

Sajou.

Scherff.

Setier.

Stone.

Testu.

Valade (*Jean-Jacques-Denys*), reçu imprimeur le 13 mai 1785, et resté en expectative d'une place vacante jusqu'à la révolution de 1789.

LISTE DES IMPRIMEURS BREVETÉS,

EXERÇANT A PARIS EN 1820.

(Les astérisques * indiquent les mutations ou imprimeurs nouveaux de 1810 à 1820, au nombre de 28.)

* Agasse (veuve).

Bailleul.

* Ballard fils.

* Baudouin fils.

Belin.

* Béraud.

* Bobée.

* Boucher.

Brasseur.

CELLOT.
CHAIGNIEAU aîné.
* CHAIGNIEAU jeune.
CHANSON.
CLÔ.
* COLAS fils.
CORDIER.
* COSSON.
* COURCIER (veuve).
COUTURIER.
CRAPELET.
* CUSSAC (veuve).

* DELAGUETTE.
DELALAIN.
DEMONVILLE-GUÉNARD.
DENTU.
* * DENUGON.
* D'HAUTEL.
DIDOT (*Pierre*).
DIDOT (*Firmin*).
DIDOT jeune.
DONDEY-DUPRÉ.
DOUBLET.
* DUPONT fils.

EBERHART.
ÉGRON.
ÉVERAT.

FAIN.
FEUGUERAY.

GILLÉ.
GRATIOT.
GUEFFIER.
* GUILLAUME.

HACQUART.
HERHAN.
* HERISSANT-LEDOUX.

HOCQUET.
HUZARD (madame).

IMBERT.

JEUNEHOMME (veuve).

* LANOË.
* LAURENS.
LEBÉGUE.
LEBLANC.
LECLERE (*Ad.*).
LEFEBVRE.
LE NORMANT.
LOTTIN DE SAINT-GERMAIN.

* MIGNERET.
* MOREAU.
* MOREAUX (veuve).
* MORONVAL.

NICOLAS-VAUCLUSE.
NOUZOU.

* PANCKOUCKE.
PATRIS.
PILLET aîné.
PLASSAN.
PORTHMANN.
POULET.

* RAGUENEAU.
RENAUDIÈRE.
RICHOMME.
ROUGERON.

SAJOU.
SCHERFF.
SETIER.
* SMITH.
* STALH.

TESTU.
* TIGER.

LISTE DES IMPRIMEURS BREVETÉS,

EXERÇANT A PARIS EN 1830.

(Les astérisques * indiquent les mutations ou imprimeurs nouveaux de 1820 à 1830,
au nombre de 49. — Un brevet vacant.)

AGASSE (veuve).
* AUDRA (*Élie*).
* AUFFRAY.

* BARBIER.
BELIN.
* BELLEMAIN.
* BÉTHUNE.

* CARPENTIER-MÉRICOURT.
* CASIMIR.
* CHAIGNIEAU, fils de l'aîné.
CHAIGNIEAU jeune.
* CHAIGNIEAU (*J.-M.*).
* CHASSAIGNON.
CORDIER.
* CORDIER (*J.-S.*).
COSSON.
CRAPELET.
* GUCHET.
* DAVID.
* DECOURCHANT.

DELAGUETTE (veuve).
DELALAIN.
DEMONVILLE-GUÉNARD.
DENTU.
* DEZAUCHE.
* DIDOT (*Jules*).
* DIDOT (*Ambroise-Firmin*).

DIDOT jeune.
DONDEY-DUPRÉ.
* DOYEN.
* DUCESSOIS.
* DUVERGER (*E.*).

EBERHART.
ÉVERAT.

FAIN.
* FOURNIER (*H.*).

* GAULTIER-LAGUIONIE.
* GOETSCHY.
* GONDELIER.
GRATIOT.
* GUIRAUDET.
* GUYOT.

* HENRY.
HERHAN.
* HINGRAY.
* HUZARD-COURCIER.
HUZARD (madame).

* LACHEVARDIÈRE.
LEBÉGUE.
LECLERE (*Ad.*)
LEFEBVRE.
* LE NORMANT fils.

* Locquin (*Félix*).
* Lottin de Saint-Germain fils.

* Marchand-Dubreuil.
* Mie (*Auguste*).
Migneret.
* Moëssart.
Moreau.
Moronval.

Panckoucke.
* Pihan-Delaforest (*A.*).
* Pihan-Delaforest (*Morinval*).
Pillet aîné.
* Pinard.
Plassan.

* Porthmann (veuve).
* Poussielgue-Rusand.
* Poussin.

* Renouard (*Paul*).
* Rignoux.
* Selligue.

Setier.
Smith.
Stalh.

* Tastu.
* Thuault.
* Tilliard (*Hippolyte*).

* Vinchon.

LISTE DES IMPRIMEURS BREVETÉS,

EXERÇANT A PARIS EN 1840.

———

(Les astérisques * indiquent les mutations ou imprimeurs nouveaux de 1830 à 1840,
au nombre de 39. — Un brevet vacant.)

Agasse (veuve).
* Appert.

* Bachelier.
* Bailly de Surcy.
* Bajat.
* Baudouin.
* Beaulé.
Béthune.
* Bimont.
* Blondeau.
* Bouchard-Huzard.
* Boulé.
* Bourgogne.

* Brière.
* Bruneau.
* Bureau.

Chassaignon.
Cordier (veuve).
Cordier fils.
Cosson.
Crapelet.

* Delacombe (madame).
Delaguette (veuve).
Delalain fils.
* Delanchy.

Dentu.

Didot (*Jules*).

Didot (*Firmin* frères).

* Dondey-Dupré (veuve).

Ducessois.

* Dupont.

* D'Urtubie.

Duverger.

Fain.

Fournier.

Gaultier-Laguionie.

* Gratiot fils.

* Gros.

Guiraudet.

Guyot.

Henry.

* Hingray.

* Hubert de Saint-Brice.

* Lacrampe.

* Lambert.

Lebégue.

Leclere (*Adrien*).

Le Normant fils.

* Levy.

Locquin.

Lottin de Saint-Germain.

* Malteste.

* Maulde.

Moëssart.

Moquet.

Moronval.

Panckoucke.

Pihan-Delaforest.

Pillet aîné.

* Pollet.

* Pommeret.

Porthmann (veuve).

Poussielgue.

* Proux.

* René.

Renouard (*Paul*).

Rignoux.

* Saintin.

Sapia.

* Schneider.

Smith.

Stalh.

* Terzuolo.

* Thomas.

Tilliard.

* Troussel.

Vinchon.

Vrayet de Surcy.

* Wittersheim [1].

---

[1] Sur ces quatre-vingts imprimeurs, quatre seulement exerçoient en 1811, et il ne se trouve plus que quatorze noms de familles qui faisoient partie de la liste de cette même année 1811.

TABLEAU DU NOMBRE DES IMPRIMERIES

EN FRANCE,

EN 1704, EN 1739, EN 1810, EN 1830, EN 1840 [1].

(Les chiffres précédés d'un astérisque * indiquent les brevets à vie.)

Départemens et villes.	Population en 1840.	Impr. 1704.	Impr. 1739.	Impr. 1810.	Impr. 1830.	Impr. 1840.
AIN.						
(5 imprimeurs.)						
Bourg (chef-lieu)............	8,996...	1...	1...	2......	2...	2
Belley...................	4,286...	»...	»...	1......	1...	1
Nantua.	3,701...	». .	»...	»......	1...	1
Trévoux.	2,560...	»...	»...	»......	1...	1
AISNE.						
(12 impr.)						
Laon.....................	8,400...	1...	1...	3......	3...	2
Château-Thierry.........	4,697...	»...	»...	1......	1...	1
Chauny...................	4,290...	» ..	»...	*1......	1...	1
Saint-Quentin...........	17,686...	1...	1...	2.....	2...	4
Soissons...............	8,149...	2...	2...	1 et *1...	1...	2
Vervins.................	2,665...	»...	»..	»......	1...	2
		5	5	12	14	17

[1] Ce Tableau général des Imprimeries en France depuis 1704 a déjà été présenté, selon l'ordre alphabétique des villes, dans l'utile ouvrage de M. Gabriel Peignot, intitulé *Essai historique sur la Liberté d'écrire chez les Anciens et au moyen âge, sur la Liberté de la presse depuis le* xv° *siècle*, etc., etc.; publié en 1832, in-8°; mais ce tableau s'arrêtoit nécessairement à l'année 1830. Le tableau général des imprimeries en 1840, ici ajouté, est un document statistique qui a toute l'exactitude désirable en pareille matière, puisque j'ai pu le collationner et le compléter d'après l'état dressé dans les bureaux de la librairie par les soins de son chef intelligent et éclairé, M. Lépinoy. — Toutefois il est nécessaire de faire remarquer qu'il existe quelque différence entre le nombre effectif des imprimeries, dans plusieurs villes des départemens, et le nombre porté au tableau dans la colonne de 1840. Cette différence tient à ce que plusieurs titulaires de brevets exploitent sous un nom seul ; ou que d'autres titulaires, pourvus de brevets, n'ont point monté d'imprimerie dans la localité désignée, se réservant seulement d'exploiter le brevet ; ou bien encore qu'il y a des vacances. Mais les brevets n'en existent pas moins, et sont autant d'imprimeries en expectative. Au reste, le nombre de ces titulaires sans imprimerie est peu important.

Départemens et villes.	Population en 1840.	Impr. 1704.	Impr. 1739.	Impr. 1810.	Impr. 1830.	Impr. 1840.
ALLIER.						
(7 impr.)	*Report*...	5	5	.12	14	17
Moulins....................	14,672...	2...	2...	2 et *1...	2,...	4
Gannat...................	5,246...	»...	»...	».......	»...	1
Montluçon..............	4,991...	»...	»...	».......	»...	1
Cusset.................	4,910...	»...	»...	».......	»...	1
ALPES (BASSES-).						
(2 impr.)						
Digne..................	3,955...	»...	»...	1.......	1...	2
ALPES (HAUTES-).						
(3 impr.)						
Gap...................	7,215...	»...	»...	1 et *1...	1...	3
ARDÈCHE.						
(5 impr.)						
Privas..................	4,342...	»...	»...	1.......	2...	2
Annonay................	8,277...	»...	»...	».......	»...	1
Tournon	3,971...	»...	»...	».......	1...	1
L'Argentière...........	2,919...	»...	»...	».......	»...	1
ARDENNES.						
(11 impr.)						
Mézières...............	3,759...	»...	»...	1.......	1...	2
Sédan.................	13,661...	»...	» ..	1 et *2...	2...	2
Charleville.............	7,773...	»...	»...	1.......	1...	2
Givet..................	4,220...	»...	»...	*1......	1...	1
Vouziers...............	2,003...	»...	»...	».......	»...	2
Rethel.................	6,585...	»...	»...	1.......	1...	1
Rocroy.................	3,623...	»...	»...	».......	»...	1
ARIÉGE.						
(3 impr.)						
Foix..................	4,958...	»...	»...	1.......	1...	2
Pamiers...............	6,246...	»...	»...	1.......	1...	1
		7	7	28	29	48

Départemens et villes.	Population en 1840.	Impr. 1704.	Impr. 1739.	Impr. 1810.	Impr. 1830.	Impr. 1840.
AUBE.						
(11 impr.)	*Report...*	7	7	28	29	48
Troyes	23,749	4	3	4 et *1	5	7
Bar-sur-Aube	3,890	»	»	1	1	1
Bar-sur-Seine	2,269	»	»	»	1	1
Nogent-sur-Seine	3,277	»	»	»	1	1
Arcis-sur-Aube	2,675	»	»	»	»	1
AUDE.						
(10 impr.)						
Carcassonne	17,755	»	»	1 et *1	2	4
Narbonne	10,246	1	1	1 et *1	2	2
Castelnaudary	9,989	»	»	1	1	2
Limoux	6,783	»	»	»	1	2
AVEYRON.						
(7 impr.)						
Rodez	8,240	2	1	1	1	2
Milhau	9,806	»	»	1	1	1
Villefranche	9,540	1	1	1	1	2
Sainte-Affrique	6,336	»	»	»	»	1
Espalion	3,545	»	»	»	»	1
BOUCHES-DU-RHONE.						
(28 impr.)						
Marseille	145,115	6	3	6 et *11	10	17
Aix	23,132	2	4	2 et *3	5	5
Arles	20,236	1	»	1	1	3
Tarascon	11,320	»	»	1 et *1	1	2
Auriol	5,320	»	»	»	»	1
CALVADOS.						
(23 impr.)						
Caen	39,140	4	4	3 et *3	6	7
Lisieux	10,706	1	1	1	1	3
Falaise	10,303	»	»	1 et *2	3	2
Bayeux	10,060	1	1	1 et *2	2	3
Pont-l'Évêque	2,500	»	»	1	1	1
		30	26	81	76	120

Départemens et villes.	Population en 1840.	Impr. 1704.	Impr. 1739.	Impr. 1810.	Impr. 1830.	Impr. 1840.
Report		30	26	81	76	120
Honfleur	8,898	»	»	»	»	2
Vire	8,126	»	»	1 et *1	1	2
Condé-sur-Noireau	5,550	»	»	»	»	1
Orbec	3,209	»	»	»	»	1
Saint-Pierre-sur-Dive	1,750	»	»	»	»	1
CANTAL.						
(4 impr.)						
Aurillac	9,766	1	1	2	2	2
Saint-Flour	6,640	»	»	1	1	1
Mauriac	3,530	»	»	»	»	1
CHARENTE.						
(8 impr.)						
Angoulême	15,306	2	2	3 et *2	5	3
Ruffec	3,004	»	»	»	»	1
Confolens	2,687	»	»	»	»	1
Barbezieux	2,756	»	»	»	»	2
Cognac	3,417	»	»	»	»	1
CHARENTE-INFÉRIEURE.						
(14 impr.)						
La Rochelle	14,632	2	2	3 et *1	4	5
Saintes	10,437	1	1	1 et *2	3	4
Rochefort	14,040	1	1	2 et *1	3	2
Saint-Jean-d'Angely	6,031	»	»	1	1	»
Marennes	4,605	»	»	»	»	2
Jonzac	2,618	»	»	»	»	1
CHER.						
(8 impr.)						
Bourges	19,730	2	2	2 et *1	3	4
Saint-Amand	6,936	»	»	»	1	3
Sancerre	3,032	»	»	»	»	1
CORRÈZE.						
(4 impr.)						
Tulle	8,689	1	1	1	1	2
Brives	8,031	»	»	1	1	2
		40	36	107	102	165

Départemens et villes.	Population en 1840.	Impr. 1704.	Impr. 1739.	Impr. 1810.	Impr. 1830.	Impr. 1840.
CORSE.						
(5 impr.)	Report...	40	36	107	102	165
Ajaccio	8,920...	» ...	» ...	1	1 ...	2
Bastia	9,531...	» .	1 ...	»	2 ...	3
COTE-D'OR.						
(14 impr.)						
Dijon	25,552...	4 ...	4 ...	3	4 ...	6
Beaune	9,908...	» ...	» ...	1	1 ...	2
Auxonne	5,423...	» ...	» ...	»	1 ...	1
Semur	4,220..	» ...	» ...	1	1 ...	2
Châtillon-sur-Seine	4,175...	» ...	» ...	1	1 ...	1
Arnay-le-Duc	2,565...	» ..	» ...	1	1 ...	1
Marmagne	1,300...	» ...	» ...	»	» . .	1
COTES-DU-NORD.						
(11 impr.)						
Saint-Brieuc	10,420...	1 ...	1 ...	2 et *1...	2 ...	7
Guingamp	6,100...	» ...	» ...	»	» ...	2
Dinan	8,044..	1 ...	1 ...	1	1 ...	1
Lannion	5,371...	» ...	» ...	»	» ...	1
Tréguier	3,178...	» ...	» ...	»	1 ...	»
CREUSE.						
(5 impr.)						
Guéret	3,921 ..	» ...	» ...	2	2 ...	2
Aubusson	4,847...	» ...	» ..	»	1 ...	1
Bourganeuf	2,849...	» ...	» ...	»	» ...	1
Chambon	1,136...	» ...	» ...	»	» ...	1
DORDOGNE.						
(8 impr.)						
Périgueux	8,956 ..	1 ...	1 ...	2	3 ..	4
Bergerac	8,557...	» ...	» ...	»	1 ...	1
Sarlat	6,056...	» ...	» ...	»	1 ...	1
Riberac	3,954...	» ...	» ...	1	1 ...	1
Nontron	3,246...	» ...	» ...	»	» ...	1
		47	44	124	127	208

Départemens et villes.	Population en 1840.	Impr. 1704.	Impr. 1739.	Impr. 1810.	Impr. 1830.
DOUBS.					
(13 impr.)	*Report...*	47	44	124	127
Besançon................	29,167...	4...	4...	4 et *2...	6...
Montbelliard............	4,767...	»...	»...	»......	1...
Pontarlier.............	4,707...	»...	»...	1.....	1...
Baume-les-Dames........	2,467...	»...	»...	».......	1...
DROME.					
(7 impr.)					
Valence	10,406...	1...	1...	2 et *1...	3...
Montélimart............	7,589...	»...	»...	1.......	1...
Dié.	3,555...	»...	»...	1.......	1...
Romans................	9,285...	»...	»...	».....:	»...
Nyons...............	3,397...	»...	» ..	»:......	»...
EURE.					
(16 impr.)					
Évreux................	9,965...	1...	1...	2 et *1...	2...
Verneuil	4,178...	»...	»...	».......	»..
Bernay................	6,600...	»...	»...	1.......	1...
Louviers..............	9,885...	»...	»...	1.......	1...
Pont-Audemer..........	5,398...	»...	»...	1.......	1...
Les Andelys...........	5,214...	»...	»...	1.......	1...
Vernon...............	4,888...	»...	»...	».......	»...
Gisors................	3,535...	»...	» ..	».......	»...
Mesnil-sur-l'Estrée.......	456...	»...	»...	».......	»...
EURE-ET-LOIR.					
(7 impr.)					
Chartres	14,439...	2...	2...	2 et *2...	3...
Dreux....	6,247...	» ..	»...	1.......	1...
Nogent-le-Rotrou	6,825...	»...	»...	1.......	1...
Châteaudun	6,452...	»...	»...	1.......	1...
FINISTÈRE.					
(12 impr.)					
Quimper...............	10,032 ...	1...	1...	1.......	1...
Brest................	29,860...	1...	»...	3 et *4...	4...
Morlaix...............	9,761...	»...	»...	1 et *1...	2...
Landernau............	4,904...	»...	»...	1.......	1...
Châteaulin............	2,783...	»...	»...	».......	»...
		57	53	161	161 2

ET DES CERTIFICATS DE CAPACITÉ.

Départemens et villes.	Population en 1840.	Impr. 1704.	Impr. 1739.	Impr. 1810.	Impr. 1830
GARD.					
(12 impr.)	Report...	57	53	161	161
Nismes............	41,266...	1...	1...	3 et *1...	3.
Alais...............	12,077...	»...	»...	1 et *1...	1.
Uzès...............	6,162...	»...	»...	»......	1.
Le Vigan..........	5,479...	» ..	»...	»......	».
Bagnols............	4,902...	» ..	» ..	»......	»
Pont-Saint-Esprit.........	4,833...	»...	»...	»......	».
GARONNE (HAUTE-).					
(23 impr.)					
Toulouse.............	59,630...	12 ..	10...	8 et *6...	14.
Villefranche-de-Lauragais .	2,652...	»...	»...	»......	».
Saint-Gaudens..........	6,179...	»...	» ..	1	1.
Muret	3,787...	» ..	» ...	»	».
GERS.					
(7 impr.)					
Auch...............	10,044...	1...	1...	2	3
Condom.............	7,144 ..	1...	1 ..	1.......	1.
Ile-Jourdain....	4,357...	»...	»...	1.......	1.
GIRONDE.					
(25 impr.)					
Bordeaux..............	99,062...	12...	10 ...	8 et *8....	15.
Libourne..........	9,838...	»...	»...	1	1.
La Réole	3,787...	»...	»...	»......	».
Blaye.............	3,855...	»...	»...	1......	1.
Bazas...............	4,255 ..	»...	»...	»......	».
Lesparre......	1,232 ..	»...	»...	»......	».
HÉRAULT.					
(21 impr.)					
Montpellier............ .	35,942...	2 ...	2 ...	5 et *2...	7.
Béziers...............	16,715...	1...	1...	2 et *2 ..	3
Lodève.	9,919...	» .	»...	»......	».
Cette.................	10,638...	»...	»...	»......	1.
Pézénas...............	8,295...	1...	1...	1......	2.
Saint-Pons...........	6,267...	»...	»...	»......	»
Bédarieux.............	5,998...	»...	»...	»	».
		88	80	216	216

Départemens et villes.	Population en 1840.	Impr. 1704.	Impr. 1739.	Impr. 1810.	Impr. 1830.	Impr. 1840.
ILLE-ET-VILAINE.						
(10 impr.)	Report...	88	80	216	216	351
RENNES	29,680...	4...	4...	2 et *2...	5...	4
Saint-Malo	9,981 ..	2...	»...	1 et *1. .	2...	2
Redon.	4,955 ..	»...	»...	»......	»...	1
Vitré.	8,856...	»...	»...	1......	1...	1
Fougères	7,880..	»...	1...	2:.....	2...	1
Saint-Servan	9,975...	»...	»...	».......	»...	1
INDRE.						
(5 impr.)						
CHATEAUROUX	11,587...	»...	»...	2.......	·2...	2
Issoudun	11,664...	»...	»...	1.......	1 ..	1
La Châtre	4,343...	»...	»...	1......	1...	1
Le Blanc	4,842 ...	» ..	»...	1......	1...	1
INDRE-ET-LOIRE.						
(10 impr.)						
TOURS	23,235...	2...	2...	2 et *2...	2...	7
Chinon	6,858...	»...	»...	1.......	1...	1
Amboise	4,615...	»...	»...	1......	1...	1
Loches	4,774...	»...	»...	1......	1...	1
ISÈRE.						
(9 impr.)						
GRENOBLE	22,888...	4...	4...	4 et *1. .	5...	5
Vienne	14,079 ..	1...	»...	1......	1...	2
Bourgoin	3,762...	»...	»...	1......	1...	1
Saint-Marcellin	2,775 ...	»...	»...	»	»...	1
JURA.						
(10 impr.)						
LONS-LE-SAUNIER	7,918...	»...	»...	2 et *1...	2...	3
Dôle	9,927...	»...	1...	1 et *1...	2...	2
Saint-Claude	5,553...	»...	»...	»	1...	1
Arbois	7,016...	»...	»...	1......	1...	1
Salins	6,554...	1...	1...	1 et *1...	1...	2
Poligny	6,000...	»...	»...	»	»...	1
		102	93	252	250	395

Départemens et villes.	Population en 1840.	Impr. 1704.	Impr. 1739.	Impr. 1810.	Impr. 1830.	Impr. 1840.
LANDES.						
(5 impr.)	Report...	102	93	252	250	395
MONT-DE-MARSAN.........	3,788...	»...	»...	1 et *1...	2...	3
Dax...................	4,716...	»...	»...	1......	1...	1
Saint-Sever	5,494...	»...	»...	»......	»...	1
LOIR-ET-CHER.						
(6 impr.)						
BLOIS..................	13,138...	1...	1...	2......	2...	3
Vendôme...............	7,771...	»...	»...	1 et *2...	3...	2
Romorantin............	6,985...	»...	»...	1......	1...	1
LOIRE.						
(11 impr.)						
MONTBRISON............	5,256...	»...	»...	2 et *1...	2...	2
Saint-Étienne...........	37,031...	»...	»...	1......	2...	6
Roanne...............	9,260...	»...	»...	1 et *1...	2...	3
LOIRE (HAUTE-).						
(7 impr.)						
LE PUY...............	14,998...	1...	1...	2 et *1...	3...	4
Yssingeaux............	7,166...	»...	»...	»......	»...	1
Brioude...............	5,262...	»...	»...	1......	1...	2
LOIRE-INFÉRIEURE.						
(10 impr.)						
NANTES...............	77,992...	4...	4...	5 et *2...	6...	7
Ancenis...............	3,749...	»...	»...	»......	»...	1
Châteaubriant..........	3,749...	»...	»...	»......	»...	1
Savenay...............	1,848...	»...	»...	»......	»...	1
LOIRET.						
(11 impr.)						
ORLÉANS...............	40,340...	4...	4...	4 et *1...	5...	8
Montargis	6,783...	1...	1...	1......	1...	1
Gien.................	5,149...	»...	»...	1......	1...	1
Pithiviers.............	4,012...	»...	»...	1......	1...	1
		113	104	286	283	445

Départemens et villes.	Population en 1840.	Impr. 1704.	Impr. 1739.	Impr. 1810.	Impr. 1830.	Impr. 1840.
LOT.						
(6 impr.)	*Report...*	113	104	286	283	445
Cahors..................	12,413...	1...	1...	2......	2...	4
Figeac.................	6,396...	»...	»...	2......	1...	1
Gourdon...............	5,150...	»...	»...	»......	1...	1
LOT-ET-GARONNE.						
(9 impr.)						
Agen..................	12,631...	1...	1...	2 et *1...	3...	2
Villeneuve–d'Agen.......	10,652...	»...	». .	»......	»...	2
Tonneins...............	6,626...	»...	»...	1......	1...	1
Marmande	7,343...	»...	»...	1......	1...	2
Nérac.................	6,327 ...	»...	»...	»......	»...	2
LOZÈRE.						
(2 impr.)						
Mende.................	5,822...	1...	1...	2 et *1...	1...	1
Marvejols..............	3,885...	»...	»...	»......	»...	1
MAINE-ET-LOIRE.						
(12 impr.)						
Angers................	32,743...	2...	2...	2......	2...	5
Saumur................	10,614...	1...	1...	1......	1...	2
Cholet.................	7,348...	»...	»...	»......	1...	2
Baugé	5,553...	»...	»...	»......	»...	1
Pont-de-Cé	3,665...	»...	»...	»......	»...	1
Segré.................	1,347...	»...	»...	»......	»...	1
MANCHE.						
(19 impr.)						
Saint-Lô...	8,509...	»...	»...	2 et *1...	3...	4
Cherbourg.............	18,443...	»...	»...	1 et *2...	2...	4
Coutances.............	9,037...	1...	1...	1 et *1...	2...	2
Avranches.............	7,269...	»...	1...	1......	1...	2
Valognes..............	6,955...	»...	»...	1 et *1. .	2...	4
Mortain...............	2,715 ..	»...	»...	»......	»...	2
Granville..............	7,350...	»	»...	»......	»	1
		120	112	312	307	493

Départemens et villes.	Population en 1840.	Impr. 1704.	Impr. 1739.	Impr. 1810.	Impr. 1830.	Impr. 1840.
MARNE.						
(17 impr.)	Report...	120	112	312	307	493
Chalons-sur-Marne......	12,419...	2...	2...	2 et *1...	3...	3
Reims................	34,852...	4...	2...	3......	3...	7
Vitry...............	6,994...	1...	1..	1 et *1...	2...	2
Épernay.............	5,380...	»...	» ..	1 et *1...	2...	2
Sainte-Menehould.......	3,933...	»...	»...	1......	1...	1
Sézanne	4,106...	»...	»...	»......	»...	1
Montmirail	2,343...	»...	»...	»	»...	1
MARNE (HAUTE-).						
(7 impr.)						
Chaumont.............	6,318...	»...	1...	2......	2...	2
Langres.............	7,480...	1...	1...	1 et *1...	2...	2
Saint-Dizier.........	6,190...	»...	»...	1......	1...	1
Joinville...	3,055...	»...	»...	1......	1...	1
Vassy	2,586...	»...	»...	1......	1...	1
MAYENNE.						
(5 impr.)						
Laval...............	16,704...	»...	»...	2......	2...	3
Mayenne.............	9,799...	»...	»...	1......	1...	1
Château-Gonthier........	6,143...	»...	»...	»......	»...	1
MEURTHE.						
(15 impr.)						
Nancy...............	29,783...	»...	»...	5 et *2...	6...	6
Lunéville...........	12,378...	»...	»...	2......	1...	2
Pont-à-Mousson.........	7,039...	» ..	»...	1......	1...	1
Toul...............	7,507...	2...	1...	1......	1...	1
Vic................	3,478...	»...	»...	1......	1...	1
Sarrebourg..........	2,164...	»...	»...	»......	1...	1
Vézelise	1,765..	»...	»...	1......	1...	1
Dieuze.............	3,892...	»...	»...	»......	»...	1
Saint-Nicolas.........	3,043...	»...	»...	»......	»...	1
		130	120	346	340	537

Départemens et villes.	Population en 1840.	Impr. 1704.	Impr. 1739.	Impr. 1810.	Impr. 1830.	Impr. 1840.
MEUSE.						
(12 impr.)	*Report...*	130	120	346	340	537
Bar-le-Duc	17,812...	»...	»...	2 et *1...	3...	4
Verdun	9,882...	1...	1...	1 et *1...	3...	3
Saint-Mihiel	5,822...	»...	»...	1...	1...	1
Commercy	3,714...	»...	»...	1...	1...	2
Stenay	3,324...	»...	»...	1...	1...	1
Montmédy	2,146...	»...	»...	1...	1...	1
MORBIHAN.						
(7 impr.)						
Vannes	11,289...	2...	1...	2...	2...	2
Pontivy	5,956...	»...	»...	»...	»...	1
Lorient	18,322...	»...	»...	2 et *1...	3...	3
Ploërmel	4,851...	»...	»...	»...	»...	1
MOSELLE.						
(9 impr.)						
Metz	44,276...	2...	2...	5 et *2...	6...	6
Thionville	5,821...	»...	»...	1...	1...	1
Sarreguemines	4,190...	»...	»...	1...	1...	1
Brieg	1,717...	»...	»...	1...	»...	1
NIÈVRE.						
(8 impr.)						
Nevers	15,782...	1...	1...	2 et *1...	3...	4
Cosne	5,973...	»...	»...	1...	1...	1
Clamecy	5,547...	»...	»...	»...	1...	1
La Charité	5,086...	»...	»...	»...	»...	1
Château-Chinon	2,466...	»...	»...	»...	»...	1
NORD.						
(45 impr.)						
Lille	69,860...	4...	6...	6 et *3...	9...	16
Roubaix	18,187...	»...	»...	»...	»...	1
Valenciennes	19,841...	1...	1...	2...	2...	2
Dunkerque	24,937...	2...	2...	3 et *3...	5...	6
Cambrai	17,360...	1...	1...	2 et *1...	2...	3
Douay	18,880...	4...	4...	3 et *2...	5...	5
Hazebrouck	",644...	»...	»...	1...	1...	3
		148	139	400	392	609

Départemens et villes.	Population en 1840.	Impr. 1704.	Impr. 1739.	Impr. 1810.	Impr. 1830.	Impr. 1840.
Report...		148	139	400	392	609
Maubeuge	6,244	1	1	1	1	1
Bergues	5,979	»	»	1 et *1	2	2
Avesnes	3,311	»	»	1	1	2
Turcoing	17,975	»	»	»	»	1
Saint-Amand	8,734	»	»	»	»	1
Anzin	4,255	»	»	»	»	1
Cassel	4,234	»	»	»	»	1

OISE.

(10 impr.)

Départemens et villes.	Population en 1840.	Impr. 1704.	Impr. 1739.	Impr. 1810.	Impr. 1830.	Impr. 1840.
Beauvais	12,865	1	1	2	2	2
Compiègne	8,879	1	1	1	1	2
Noyon	5,946	1	1	1 et *1	2	2
Senlis	5,066	1	1	1	1	2
Clermont-Oise	2,715	»	»	1	1	2

ORNE.

(10 impr.)

Départemens et villes.	Population en 1840.	Impr. 1704.	Impr. 1739.	Impr. 1810.	Impr. 1830.	Impr. 1840.
Alençon	14,071	2	2	2	3	2
Argentan	6,147	»	»	1	1	1
Vimoutiers	3,990	»	»	»	»	1
L'Aigle	5,412	»	»	1	1	1
Mortagne	5,405	»	»	1	1	1
Flers	4,386	»	»	»	»	1
Seez	5,066	»	»	»	»	1
Domfront	1,873	»	»	»	1	2

PAS-DE-CALAIS.

(23 impr.)

Départemens et villes.	Population en 1840.	Impr. 1704.	Impr. 1739.	Impr. 1810.	Impr. 1830.	Impr. 1840.
Arras	23,419	2	2	3 et *4	5	8
Saint-Pol	3,556	»	»	»	»	1
Boulogne	20,856	1	1	2	2	4
Saint-Omer	19,344	2	2	2 et *1	3	3
Calais	10,437	»	»	1	2	2
Aire	8,725	»	»	»	»	1
Béthune	6,890	»	»	1	1	3
Montreuil	4,083	»	»	»	»	1
		160	151	430	423	661

Départemens et villes.	Population en 1840.	Impr. 1704.	Impr. 1739.	Impr. 1810.	Impr. 1830.	Impr. 1840.
PUY-DE-DOME.						
(11 impr.)	Report...	160	151	430	423	661
Clermont...............	30,010...	2...	2...	2......	3...	5
Riom.................	12,379...	1...	1...	2 et *1...	3...	2
Thiers.................	11,613...	»...	»...	1......	1...	1
Ambert...............	7,652...	»...	»...	1......	1...	2
Issoire................	5,990...	»...	»...	»......	»...	1
PYRÉNÉES (BASSES-).						
(11 impr.)						
Pau..................	11,285...	2...	2...	2 et *3...	4...	4
Bayonne...............	14,773...	2...	2...	2 et *2...	3...	5
Orthez................	7,121...	»...	»...	»......	»...	1
Oloron................	6,423. .	»...	»...	»......	»...	1
PYRÉNÉES (HAUTES-).						
(4 impr.)						
Tarbes................	9,712...	»...	»...	2 et *1...	2...	3
Bagnères..............	7,537...	»...	»...	1......	1...	1
PYRÉNÉES-ORIENTALES.						
(2 impr.)						
Perpignan..............	17,114...	1...	1...	2......	2...	2
RHIN (BAS-).						
(14 impr.)						
Strasbourg.............	49,708...	6...	6 ..	6 et *3...	6...	8
Schelestadt............	9,640...	»...	»...	1......	1...	1
Haguenau..............	9,697...	»...	»...	2......	1...	1
Wissembourg...........	6,146...	»...	»...	1......	1...	2
Saverne...............	5,106...	»...	»...	1......	1...	1
Châtenois.............	3,867 ..	»...	»...	1......	1...	1
RHIN (HAUT-).						
(10 impr.)						
Colmar................	15,496...	1...	1...	2......	2...	2
Mulhausen.............	13,327...	»...	»...	1......	1...	2
Sainte-Marie-aux-Mines ...	9,961. .	»...	»...	»......	»...	2
Belfort................	5,753 ..	»...	»...	1......	2...	1
Guebwiller	3,637...	»...	»...	».	»...	1
Cernay................	3,416...	»...	»...	»......	»...	1
Altkirch	2,850...	»...	»...	1......	1...	1
		175	166	472	460	713

Départemens et villes.	Population en 1840.	Impr. 1704.	Impr. 1739.	Impr. 1810.	Impr. 1830.	Impr. 1840.
RHONE.						
(21 impr.)	*Report*...	175	166	472	460	713
Lyon...................	160,875...	18...	12...	12 et *5..	14...	17
La Croix-Rousse.........	9,213...	»...	»...	»......	»...	1
La Guillotière...........	18,294...	»...	»...	»......	»...	2
Villefranche.............	6,460...	1 ..	1...	1.. ...	1...	1
SAONE (HAUTE-).						
(5 impr.)						
Vesoul.................	5,583...	»...	1...	1......	1...	2
Gray...................	7,203...	1...	»...	1......	1...	1
Lure....................	2,808 ..	»...	»...	1. ...	1 ..	1
Luxeuil.................	3,550...	». .	» ...	»......	»...	1
SAONE-ET-LOIRE.						
(8 impr.)						
Macon.................	10,965...	1...	1...	2...	2...	2
Châlons-sur-Saône.......	12,220...	1...	1...	1 et *1..	2...	3
Autun.................	9,936...	»...	» ..	1 et *1...	2...	1
Louhans...............	3,470...	»...	»...	»......	» ..	1
Charolles..............	3,013...	»...	»...	1......	1...	1
SARTHE.						
(6 impr.)						
Le Mans...............	19,877..	2...	2...	2 et *2...	4...	2
Mammers...............	5,846...	» ..	1...	1......	1...	1
La Flèche.	6,412...	1...	1...	1 et *1...	1...	1
Saint-Calais............	3,638...	»...	»...	»......	» . .	1
Château-du-Loir.........	3,056...	». .	» ..	1......	1...	1
SEINE-ET-MARNE.						
(11 impr.)						
Melun.................	7,199...	»...	»...	2......	2...	3
Lagny.................	1,753...	»...	»...	»......	»...	1
Meaux.................	8,537...	1...	1...	1 et *1...	2...	2
Fontainebleau...........	8,122...	»...	»...	1......	1...	1
Provins................	5,676...	1...	1...	1......	1..	1
Coulommiers............	3,530...	»...	»...	1......	1...	1
Montereau.............	4,153...	»...	»...	»......	»...	1
La Ferté-sous-Jouarre.....	3,927...	»...	»...	»......	»...	1
		202	188	515	499	764

Départemens et villes.	Population en 1840.	Impr. 1704.	Impr. 1739.	Impr. 1810.	Impr. 1830.	Impr. 1840.
SEINE.						
(88 impr., plus l'Imprimerie royale.)	Report...	202	188	515	499	764
Paris	800,000	36	36	80	80	80
Saint-Denis	9,686	»	»	»	»	1
Belleville	9,900	»	»	»	»	1
Batignolles	6,850	»	»	»	»	1
Neuilly	5,608	»	»	»	»	1
Vaugirard	5,031	»	»	»	»	1
Montmartre	4,630	»	»	»	»	1
Montrouge	3,847	»	»	»	»	1
Sceaux	1,439	»	»	»	»	1
SEINE-ET-OISE.						
(17 impr.)						
Versailles	29,791	»	»	3	3	3
Saint-Germain	10,671	»	»	»	»	1
Étampes	8,109	»	»	1	1	2
Pontoise	5,370	»	»	1	1	2
Corbeil	4,051	»	»	1	1	1
Mantes	4,148	»	»	1	1	2
Rambouillet	3,147	»	»	»	1	1
Argenteuil	4,542	»	»	»	»	1
Sèvres	3,975	»	»	»	»	1
Saint-Cloud	1,935	»	»	»	»	1
Marly-le-Roi	1,208	»	»	»	»	1
Meulan	1,850	»	»	»	»	1
SEINE-INFERIEURE.						
(35 impr.)						
Rouen	90,000	18	12	8 et *2	9	14
Le Havre	27,000	1	1	2	2	5
Dieppe	17,079	1	1	1	1	3
Yvetot	9,853	»	»	1 et *3	2	2
Fécamp	9,123	»	»	1	1	2
Gournay	3,300	»	»	1	1	1
Neufchâtel	3,469	»	»	1	1	2
Elbeuf	10,258	»	»	»	»	2
Bolbec	9,630	»	»	»	»	1
		258	238	622	604	901

Départemens et villes.	Population en 1840.	Impr. 1704.	Impr. 1739.	Impr. 1810.	Impr. 1830.	Impr. 1840.
Report...		258	238	622	604	901
Ingouville	5,666	»	»	»	»	1
Darnetal	5,800	»	»	»	»	1
Eu	3,543	»	»	»	»	1
SÈVRES (DEUX-).						
(5 impr.)						
Niort	16,175	1	1	2 et *2	2	2
Saint-Maixent	4,335	»	»	1	1	1
Melle	2,512	»	»	»	»	1
Bressuire	1,475	»	»	»	»	1
SOMME.						
(10 impr.)						
Amiens	45,001	4	2	3 et *2	5	6
Abbeville	19,520	1	1	2	2	1
Péronne	3,777	»	»	1	1	1
Montdidier	3,730	»	»	1	1	1
Doullens	3,690	»	»	1	1	1
TARN.						
(7 impr.)						
Albi	11,665	1	1	2	2	2
Castres	16,418	1	1	1	2	2
Lavaur	7,137	»	1	»	»	2
Gaillac	7,725	»	»	»	»	1
TARN-ET-GARONNE.						
(6 impr.)						
Montauban	25,466	2	2	2	2	3
Moissac	10,115	»	»	1	1	1
Castel-Sarrazin	7,092	»	»	»	»	2
VAR.						
(13 impr.)						
Draguignan	9,804	»	»	2	1	4
Toulon	30,171	1	1	2 et *2	4	6
Grasse	12,716	»	»	1	1	2
Brignoles	6,170	»	»	1	1	1
		269	248	651	631	945

Départemens et villes.	Population en 1840.	Impr. 1704.	Impr. 1739.	Impr. 1810.	Impr. 1830.	Impr. 1840.
VAUCLUSE. (23 impr.)	*Report*...	269	248	651	631	945
Avignon	31,180...	»...	»...	9 et *6...	12...	15
Carpentras	9,856...	»...	»...	1 et *2...	3...	4
Orange	9,123...	»...	»...	1......	1...	2
Apt	5,707...	»...	»...	1......	1...	2
VENDÉE. (8 impr.)						
Bourbon-Vendée	3,904...	»...	»...	2......	2...	3
Fontenay	7,504...	»...	»...	2......	2...	2
Sables d'Olonne	4,906...	»...	»...	1......	1...	1
Luçon	3,780...	»...	»...	»......	»...	2
VIENNE. (8 impr.)						
Poitiers	23,128...	2...	2...	2......	2*..	3
Châtellerault	9,441...	»...	»...	1......	1...	2
Loudun	5,044...	»...	»...	1......	1...	1
Montmorillon	3,639...	»...	»...	1......	1...	1
Civray	2,203...	»...	»...	»......	»...	1
VIENNE (HAUTE-). (12 impr.)						
Limoges	25,612...	4...	2...	4 et *2...	6...	7
Saint-Yriex	6,542...	»...	»...	»......	»...	1
Saint-Junien	5,895...	»...	»...	»......	»...	1
Rochechouart	3,996...	»...	»...	»......	»...	1
Bellac	3,607...	»...	»...	»......	»...	1
Isle	1,392...	»...	»...	»......	»...	1
VOSGES. (13 impr.)						
Épinal	9,070...	»...	»...	2 et *1...	3...	3
Mirecourt	5,608...	»...	»...	1......	1...	2
Saint-Dié	7,459...	»...	»...	1......	1...	1
Remiremont	4,686...	»...	»...	1......	1...	1
		275	252	693	670	1003

Départemens et villes.	Population en 1840.	Impr. 1704.	Impr. 1739.	Impr. 1810.	Impr. 1830.	Impr. 1840.
	Report...	275	252	693	670	1003
Neufchâteau	3,667...	»...	»...	1 et *1...	2...	3
Bruyères...............	2,328...	»...	»...	1......	1...	»
Rambervilliers	4,990...	»...	»...	»......	»...	1
Liffol-le-Grand...........	1,656...	»...	»...	»......	»...	1
Charmes...............	2,962...	»...	»...	»......	»...	1

YONNE.

(7 impr.)

Départemens et villes.	Population en 1840.	Impr. 1704.	Impr. 1739.	Impr. 1810.	Impr. 1830.	Impr. 1840.
Auxerre...............	12,348 ..	1...	1...	2......	2...	2
Sens..................	9,279...	1...	1...	1......	1...	2
Joigny................	5,563...	»...	»...	1......	1....	1
Avallon	5,569...	»...	»...	1 et *1...	1...	1
Tonnerre	4,242...	»...	»...	1......	1...	1
		277	254	703	679	1016

OBSERVATIONS

SUR LA SITUATION CRITIQUE DES IMPRIMERIES
DE TOUTE LA FRANCE.

Le chiffre du nombre actuel des imprimeries en France mérite de fixer l'attention, non seulement de tous ceux qui seroient tentés de se faire imprimeurs, mais de l'administration, qui accorde si facilement le droit d'être misérable en vertu d'un brevet. Il n'y a pas là d'exagération : le nombre toujours croissant des imprimeurs, dans les départemens surtout, aggrave leur position de jour en jour; et personne ne paroît en apercevoir les conséquences déplorables, ni les solliciteurs de brevets eux-mêmes, ni les autorités locales qui les encouragent, ni les protecteurs qui les appuient, ni l'administration qui délivre ces brevets et qui pense contenter tout le monde. Il n'est pas douteux cependant que cet accroissement de trois cent trente-huit imprimeries, en dix années, n'est commandé ni justifié par aucune de ces causes qui veulent des agens de production plus nombreux, soit quand l'utilité et le service du public les réclament, soit lorsque la production est inférieure à la consommation. Loin de là, pour la librairie, l'excès contraire est le défaut capital de ce commerce, et l'une de ses nécessités : ses produits sont toujours dans une énorme disproportion avec la consommation, et pourtant c'est à peine si, dans les principales villes de France, aussi bien qu'à Paris, la fabrication des livres peut occuper, plus de six mois de l'année, la moitié seulement des presses qui sont à son service. Comment donc les presses dont on a muni tant de petites villes et de bourgs sans population, sans commerce, sans industrie, sans aucun élément de travaux typographiques, pourroient-elles assurer l'existence des familles ?

Quel besoin ont d'une imprimerie des localités telles que Marmagne, village de 3oo habitans, ignoré même de Vosgien; ou de deux imprimeries un pauvre bourg de Champagne tel que Vouziers; ou de trois imprimeries une petite ville telle que Saint-Amand, du Cher; ou de quatre imprimeries celle de Valognes; ou de trois imprimeries un chef-lieu de préfecture tel que Gap, qui en avoit une seule en 1810, ce qui étoit la moitié plus qu'elle ne pouvoit alimenter; ou bien encore de sept imprimeries un chef-lieu comme Saint-Brieuc, qui en comptoit deux en 183o ! Et lorsque plus de quatre cents autres imprimeurs des départemens ne sont pas mieux approvisionnés de travaux, on peut juger quel triste service on leur a rendu en leur accordant des brevets,

6

et quel triste et ingrat métier ils sont forcés d'exercer : car un brevet oblige à résidence, et à la possession de deux presses, avec tout le matériel nécessaire à leur exploitation dans les départemens. Il est vrai que beaucoup de ces imprimeries n'ont pas plus d'une presse, contrairement à la loi, parce que toutes les impressions de l'année peuvent à peine occuper un ouvrier et un apprenti. Aussi voit-on dans certains départemens des imprimeurs *brevetés* se livrer à de petits négoces d'épicerie et autres, ou à de petites fonctions, quand ils savent lire couramment, telles que celles de facteurs de la poste dans les communes rurales. Beaucoup d'autres (et c'est là ce qui excite le plus l'ambition des brevets) exploitent des feuilles d'annonces, qui, dans les conditions de succès les plus favorables, peuvent produire un bénéfice de 1,000 à 1,200 francs par an, c'est-à-dire un peu moins que ce que peut gagner à Paris un ouvrier ordinaire à la casse ou à la presse.

C'est à cette considération des feuilles d'annonces, et à l'entraînement de l'exemple d'une sous-préfecture à l'autre, qu'est due surtout la multiplication des imprimeries dans les départemens. Les petites vanités locales souffrent difficilement qu'une sous-préfecture voisine ait son imprimeur et sa feuille d'annonces, qui lui donnent une certaine importance; et la petite ville jalouse, aidée de son Sous-Préfet, qui transmet les vœux éclairés de ses administrés au Préfet, ne tarde pas à jouir des mêmes avantages que sa rivale. Le Député influent du département n'a pas à craindre un refus du Ministre de l'intérieur; une imprimerie de plus ou de moins ne tire pas à conséquence, cela ne coûte rien à l'État, et le Ministre s'est fait ou a dû se faire, de bon compte, cinq obligés : la petite ville d'abord, le malheureux nouveau titulaire, le Sous-Préfet, le Préfet, et le Député. Mais comme les conseils-généraux n'ont pas encore voté de fonds pour l'entretien des imprimeries, ni de traitement ou même de travaux pour les imprimeurs, leur subsistance n'est rien moins qu'assurée. Telle est la situation de la presque totalité des imprimeurs brevetés dans les départemens depuis 1830. Lorsqu'une ville comme Rouen, qui compte plus de 90,000 habitans, de nombreux établissemens scientifiques et littéraires, et quatorze imprimeries [1], n'a pas plus de seize presses

---

[1] Le nombre effectif des imprimeurs titulaires à Rouen n'est à la vérité que de douze, mais il existe quatorze brevets à cette résidence. Et encore sur les douze imprimeurs, il y en a un qui n'a plus d'établissement.

en activité ; lorsque les dix-neuf imprimeries de Bordeaux, ville de près de 100,000 habitans, n'ont pas
plus de vingt-deux presses en activité, sur les soixante-
quatorze qu'elles possèdent; lorsque Dijon, ville plus
littéraire qu'aucune autre des départemens, ne peut
entretenir plus de huit presses dans ses six imprimeries, ne seroit-il pas digne de la sollicitude d'une
administration sage et éclairée de poser enfin une
limite à la distribution des brevets, dans le double
intérêt de ceux qui en sont actuellement pourvus, et
de ceux qui en demandent de nouveaux, sans connoître
le sort qu'ils se préparent[1] ? Il appartient toujours à
une administration prévoyante et paternelle de régler,
de contenir ou de développer, selon les temps et les
besoins, l'essor des industries; mais c'est un devoir
lorsque la loi a limité l'exercice d'une profession.

J'ai mentionné particulièrement la ville de Rouen,
comme exemple de la disproportion du nombre des

---

[1] Il résulte des renseignemens que j'ai demandés dans les principales villes des départemens, et qui m'ont été donnés avec autant
d'obligeance que d'empressement, que les travaux ordinaires et extraordinaires ne suffisent pas pour occuper en aucun temps le tiers des
presses montées dans les différentes imprimeries, et de ce tiers plus
de la moitié est entretenu seulement par les journaux et feuilles d'annonces.

imprimeries avec la quantité de travail, parce qu'il rappelle les soins et la vigilance dont usoit autrefois l'autorité pour maintenir l'équilibre entre la production et la consommation des livres, et prévenir les conséquences fâcheuses d'une situation contraire. Ainsi le nombre des imprimeurs à Rouen avoit été fixé à *dix-huit* en 1704, comme il le fut dans les autres villes, selon leur importance, et d'après les motifs ainsi énoncés : « Sa Majesté reconnoissant qu'il est « important de faire un semblable Règlement pour « toutes les villes de son royaume dans lesquelles il « est nécessaire qu'il y ait des imprimeurs-libraires, « pour le bien de son service et l'utilité du public, et « dans lesquelles aussi *il est dangereux qu'il s'en* « *établisse un trop grand nombre, de crainte que, ne* « *trouvant pas assez d'ouvrages pour pouvoir subsister,* « ils ne s'appliquent à des contrefaçons, ou à d'autres « impressions contraires au bon ordre; à quoi étant « nécessaire de pourvoir, etc. »

En 1739 on reconnut que le nombre de dix-huit imprimeurs à Rouen étoit trop considérable, ce qui étoit contraire à l'esprit et aux intentions des anciennes ordonnances; il fut donc réduit à douze, comme Lyon, qui en avoit seize, n'en eut plus aussi que douze; et Bordeaux et Toulouse, qui en avoient douze, furent réduites à dix. L'ordonnance de 1739 expliquoit ainsi les motifs de cette réduction : « Sa Majesté auroit été informée « *qu'une partie des imprimeurs ne peut se soutenir par* « *le produit de son travail,* ce qui les expose à s'occuper « à contrefaire des ouvrages imprimés par d'autres « avec privilége, ou à en imprimer clandestinement « de mauvais : que d'ailleurs (et c'est aujourd'hui le « même abus qui cause le même mal) dans les villes « où il devoit y avoir des imprimeurs, suivant l'arrêt « de 1704 (lisez le décret de 1811), le nombre en a « été porté au delà de celui qui étoit fixé par ledit « arrêt; et que dans plusieurs de celles où il ne pouvoit « y avoir aucunes imprimeries, selon le même arrêt, « les officiers de police ou autres, qui ont excédé les « bornes de leur pouvoir, en ont laissé établir : « Sa Majesté auroit jugé à propos de faire cesser des « abus également contraires à son autorité, au bien « public, *aux intérêts et aux règlemens* de la librairie; « à quoi voulant pourvoir, etc. »

On ne sauroit trop le répéter : c'est précipiter la ruine de la typographie que de multiplier, sans nécessité, le nombre des imprimeries sur tous les points de la France. C'est faire d'une profession honorable en elle-même, qui rend de si grands services à toutes les sciences, à tous les arts et à toutes les industries, et qui en est si peu payée de retour, la plus précaire et la plus misérable de toutes les conditions sociales; et il ne faut pas trop accuser d'imprudence ceux qui cherchent, dans un temps où toutes les carrières sont encombrées de prétendans, à former de nouveaux établissemens; car ils ont foi dans vos brevets : ils espèrent sans doute, à force de travail et d'économie, trouver des moyens d'existence sur le terrain qui leur est assigné; mais ils ne peuvent même y végéter, tout en causant la famine chez ceux qui les ont précédés.

C'est ainsi qu'à Darnetal, qui a une population de 6,000 habitans, et qu'on peut regarder comme un faubourg de Rouen, le titulaire d'un brevet d'imprimeur a été forcé de quitter la place; tandis que le peu de travail qu'il étoit parvenu à se procurer, à vil prix, étoit enlevé à l'imprimerie de Rouen. A Ingouville, autre faubourg du Havre, c'est un maître maçon qui exerce l'imprimerie en vertu d'un brevet, et au préjudice des imprimeurs de la ville. Du moins celui-là ne sauroit décliner un conseil d'architectes pour le règlement de ses mémoires d'impressions, comme il en est établi un près de notre Préfecture de la Seine. Quand, aux portes de la capitale, l'exemple a été une fois donné d'établir des imprimeries dans les villages, il étoit difficile de refuser à d'autres villes cet inappréciable avantage; et, comme Rouen à Darnetal, le Havre à Ingouville, Lyon a des imprimeries à la Croix-Rousse et à La Guillotière!

Que l'autorité veuille bien l'entendre : tout en rendant justice à ses intentions libérales dans cette large concession de brevets, elle ne se préoccupe pas assez de ses déplorables conséquences; et les faits que j'ai recueillis de toutes les parties de la France présentent, à cet égard, le tableau le plus affligeant de la détresse et du découragement dont sont frappés les anciens comme les plus nouveaux brevetés. Je pourrois en donner de nombreuses preuves, écrites par les imprimeurs les plus recommandables de divers départemens; on y verroit qu'ils s'affligent moins encore du dommage qu'ils éprouvent dans leurs intérêts privés, que de l'avilissement de l'exercice de l'imprimerie, remis à tant de gens ignorans, incapables, et dénués des plus foibles moyens pécuniaires.

Les derniers renseignemens que j'ai reçus accusent partout la même disproportion entre le nombre de presses et la quantité de travail; et l'industrie même la plus active et la plus ingénieuse à créer de l'occupation, reste de beaucoup au-dessous de ses moyens d'exécution. Sous ce rapport, je ne puis m'empêcher de faire connoître les efforts d'un honorable confrère des départemens. L'administration appréciera sans doute d'aussi généreux sentimens : « Telle est, Mon- « sieur, la situation de notre ville : nous vivons, mais « sans pouvoir faire aucune épargne, sans aucun de « ces bénéfices que toute autre profession plus libérale « nous eût donnés. Aucun de nous n'a de fortune, et « plusieurs doivent. Cependant on fait des démarches « pour obtenir de nouveaux brevets dans notre ville. « Que le Gouvernement fasse une enquête, et il trou- « vera plus de vingt presses inoccupées, et toutes prêtes « à recevoir le labeur. Il trouvera les efforts les plus « désintéressés, je l'affirme, pour maintenir dans nos « ateliers plus d'ouvriers que nous n'avons d'occupa- « tion. Ainsi, c'est sans espoir d'aucun bénéfice. » Mon correspondant donne ensuite l'indication des ouvrages publiés par ses confrères et par lui-même, pour ne pas laisser leurs ouvriers manquer de travail. On jugera peut-être qu'une industrie qui possède encore des hommes animés de pareils sentimens mérite quelques égards et quelque protection.

Il est certain que si l'exercice des presses étoit entièrement libre, on ne verroit pas tant d'imprimeries dans certaines localités, parce que l'on n'aventureroit pas si facilement des capitaux, que l'on se procure sur un titre de brevet, sans autres informations. Au contraire, si les brevets n'existoient pas, le bailleur de fonds, ou le possesseur d'un petit pécule, y regarderoit à deux fois, et s'enquerroit avec soin des chances de réussite, là où il voudroit établir une nouvelle imprimerie ; et presque toujours les bons conseils et les renseignemens donnés le détourneroient de son projet. Mais comme il est également certain que la publicité est le besoin de notre époque, qu'elle est la vie du commerce et de l'industrie, qu'elle est une voie de communication pour tous les intérêts matériels aussi utile que les chemins vicinaux pour les populations, on ne pourroit, sans de graves inconvéniens, restreindre ni gêner cette publicité, dont toutes les communes de France apprécieront de plus en plus les avantages. Eh bien ! la lithographie est là[1], sœur cadette de la typographie, que la Providence semble avoir donnée pour servir les intérêts matériels de la société, comme elle a donné la typographie pour y répandre les trésors de la science et de la sagesse de toutes les nations et de tous les âges. Donnez donc aux villes, aux bourgs, aux

---

[1] On compte plus de six cent cinquante imprimeries lithographiques à Paris ; et quoique cette industrie enlève à la typographie une grande partie des impressions du commerce, le dommage qu'elle lui cause n'est pas comparable à celui qui provient des imprimeries disséminées autour de Paris.

villages, aux hameaux même, si c'est leur plaisir, des imprimeries lithographiques[1]; mais ne délivrez plus de brevets d'imprimeurs-typographes. Les unes et les autres sont régis par les mêmes lois; l'action de l'autorité sera donc la même. Seulement, pour quatre ou cinq cents francs on peut monter une imprimerie lithographique, et un établissement typographique compromet un capital de six à huit mille francs, dont la non-valeur et bientôt la perte totale se font toujours sentir dans la balance de la fortune publique[2]. C'est ici

---

[1] Les autorités départementales n'auront sans doute pas plus de prétention à cet égard que notre Préfecture de la Seine, qui fait un grand usage de la lithographie, sans se rendre compte probablement qu'il y a beaucoup d'impressions qu'elle paye plus cher par les procédés lithographiques que par ceux de l'imprimerie; et que ses pièces, instructions, circulaires, listes électorales, etc., ne sont pas toujours faciles à lire; ce qui est une perte de temps et une fatigue que l'on pourroit éviter, sans prodigalité, aux contribuables d'une ville qui compte plus de cinquante millions de revenus.

[2] En estimant la valeur du matériel de trois cent trente imprimeries établies, par concession de brevets depuis 1850, seulement à 6,000 fr. l'une dans l'autre, et à 5,000 fr. le prix des brevets exploités, ou cédés immédiatement par les titulaires, ainsi que cela s'est pratiqué dans les départemens, on trouve un capital absorbé de 3,600,000 francs, auxquels vient se joindre le capital des pertes que ces nouveaux imprimeurs ont fait ou font éprouver à leurs fournisseurs, fondeurs, marchands de papiers, et autres.

une question d'économie politique, qui est liée à la question des brevets et du sort de la typographie française. L'administration jugera qu'elles ne peuvent rester long-temps encore indécises.

FIN.